MINISTÈRE DE LA GUERRE

ÉTAT-MAJOR DE L'ARMÉE

PROJET

DE

RÈGLEMENT GÉNÉRAL

D'ÉDUCATION PHYSIQUE

ANNEXE

INSTRUCTION

SUR

LE RÔLE DU MÉDECIN DANS L'ÉDUCATION

ET LA

RÉÉDUCATION PHYSIQUES

PARIS

IMPRIMERIE NATIONALE

1922

PROJET

DE

RÈGLEMENT GÉNÉRAL

D'ÉDUCATION PHYSIQUE

MINISTÈRE DE LA GUERRE

ÉTAT-MAJOR DE L'ARMÉE

PROJET

DE

RÈGLEMENT GÉNÉRAL

D'ÉDUCATION PHYSIQUE

ANNEXE

INSTRUCTION

SUR

LE RÔLE DU MÉDECIN DANS L'ÉDUCATION

ET LA

RÉÉDUCATION PHYSIQUES

PARIS

IMPRIMERIE NATIONALE

1922

INTRODUCTION.

L'éducation physique a pris en France une grande extension. Elle se développera encore davantage du fait du vote de la loi qui en fait une véritable obligation. Or l'enseignement afférent à l'éducation physique ne peut pas être donné judicieusement sans la collaboration effective des médecins.

La présente instruction n'a pour but ni de compléter ni de commenter le projet de règlement général d'éducation physique. Elle est expressément destinée à donner aux médecins un aperçu d'ensemble des problèmes biologiques que pose la pratique de l'éducation physique et des sports.

Les documents qui édictent les prescriptions actuellement en vigueur concernant l'éducation et la rééducation physiques sont les suivants :

1° C. M. n° 638 11/11 du 15 mars 1920 : Éducation et instruction physiques dans les corps de troupe ;

2° C. M. n° 861 11/11 du 22 mars 1920 : circulaire relative à l'organisation de l'instruction physique au bénéfice de la Nation ;

3° C. M. n° 9421 11/11 du 3 décembre 1920 : Fonctionnement des Centres régionaux d'Instruction et de Rééducation physique ;

4° C. M. n° 6363 du 17 décembre 1920 : Rectificatif à la C. M. n° 9421 11/11 ;

5° C. M. n° 7126 11/11 du 11 septembre 1920 : Détermination de la valeur physique des jeunes soldats ;

6° Projet de règlement général d'éducation physique (1re partie) : Éducation élémentaire. — Enfance ;

7° Projet de règlement général d'éducation physique (2e partie) : Éducation secondaire. — Jeunes gens de 13 à 18 ans ;

8° Projet de règlement général d'éducation physique

(3° partie) : Éducation physique supérieure sportive et athlétique ;

9° Projet de règlement général d'éducation physique (4° partie) : Adaptations professionnelles ; titre I : Éducation et instruction physiques militaires ; titre II : Rééducation physique militaire ;

10° Volume 85 *ter* de la collection du *Bulletin officiel.*

11° C. M, n° 4890 11/11 du 1ᵉʳ juillet 1921 : Instruction relative aux épreuves sanctionnant la préparation au service militaire de la jeunesse.

Ces documents décrivent l'organisation actuelle de l'éducation physique donnée dans l'armée au bénéfice de la Nation ; ils définissent le rôle du médecin dans un centre d'instruction physique et dans un centre de rééducation ; ils réglementent enfin les méthodes éclectiques et variées qu'il convient d'appliquer.

L'éducation physique ne peut plus être réduite à des questions de forme et de style. La méthode expérimentale, introduite dans son domaine, apparaît désormais comme indispensable pour permettre de substituer des données positives aux résultats de la simple observation et à des considérations purement descriptives.

Il s'agit moins de commenter les diverses modalités de l'exercice musculaire que de décrire ses effets sur l'économie et d'en déduire les limites dans lesquelles il convient de l'exécuter en tenant compte de l'âge, du développement et de la constitution générale de chacun.

Le médecin doit être considéré comme le guide et le conseiller indispensable de l'éducateur. Il le met en garde contre les excès, lui signale les erreurs et lui indique, dans chaque cas particulier, la meilleure méthode à employer.

Lorsque l'éducation physique sera contrôlée physiologiquement, elle s'imposera à tous d'une manière évidente. Les divers exercices n'effrayeront plus personne puisqu'ils seront proportionnés à la force de chacun et combinés pour assurer à tous le maximum de santé et le meilleur développement corporel.

PROJET DE RÈGLEMENT GÉNÉRAL
D'ÉDUCATION PHYSIQUE.

ANNEXE.

INSTRUCTION

SUR

LE RÔLE DU MÉDECIN DANS L'ÉDUCATION

ET LA

RÉÉDUCATION PHYSIQUES.

CHAPITRE PREMIER.
INFLUENCE DE L'EXERCICE
SUR LA CIRCULATION.

Le débit du cœur est évalué à 5 litres par minute chez l'homme au repos, soit 70 cm³ par systole; il peut atteindre 21 litres pendant un exercice violent.

Cette simple constatation montre les rapports étroits qui existent entre l'exercice et la circulation.

Pendant le travail musculaire, l'accroissement du métabolisme lié à la dépense d'énergie entraîne d'une part une consommation d'oxygène, une formation d'acide carbonique, d'acide lactique et d'autres métabolites moins bien connus et, d'autre part, une dégradation d'énergie en chaleur qui serait susceptible d'élever la température locale à un degré extrême. Tous ces processus exigent une irrigation intensive compensatrice. Les belles recherches de CHAUVEAU sur le muscle masséter du cheval ont apporté la preuve expérimentale que, dans le muscle en travail, le débit sanguin était au moins quintuplé.

Cette irrigation supplémentaire est assurée par deux mécanismes :

1° Une augmentation du débit dans la circulation générale ;

2° Une répartition adéquate du sang entre les organes qui travaillent et ceux qui n'ont pas à intervenir directement.

L'augmentation du débit de la circulation est assurée par un ensemble de mécanismes concourant au même but :

1° Par l'augmentation de la pression initiale dans le cœur, assurant une meilleure progression de la colonne artérielle ;

2° Par la vaso-dilatation dans les muscles actifs assurant un passage plus facile dans les veines ;

3° Par l'expression musculaire refoulant à chaque contraction le sang vers les veines ;

4° Par les mouvements respiratoires plus énergiques et plus rapides, favorisant la circulation pulmonaire, soit en chassant le sang veineux de la cavité abdominale comprimée par le diaphragme vers la cavité thoracique, soit en agissant directement sur les vaisseaux pulmonaires soumis à des variations de pression positive ou négative plus accentuées.

On voit que si le muscle cardiaque reste le grand distributeur de la masse sanguine, il est singulièrement aidé par une série de facteurs extrinsèques.

L'augmentation du débit du cœur est obtenue :

1° Par une accélération du rythme ;

2° Par une augmentation de l'ondée cardiaque.

Le rythme.

Que le rythme du cœur s'accélère pendant l'exercice, c'est un fait indéniable et BOOTHY avait même affirmé que l'accélération du rythme est fonction étroite du travail accompli : pour lui, l'augmentation du débit est due presque exclusivement à cette accélération. Mais cette opinion est erronée ; le rythme cardiaque pendant l'exercice peut passer de 70 à 120 pulsations, atteindre même 150 et 180, c'est-à-dire doubler de rapidité, alors que la circulation est triplée et même quadruplée. L'accélération du rythme ne s'obtient que par une diminution du temps diastolique, et, quand le cœur rend un rythme trop rapide, le remplissage des cavités du cœur ne peut pas se faire complètement et le débit de chaque battement s'abaisse. L'étude de la pression montre d'ailleurs que si une faible accélération augmente cette pression, une accélération exagérée, une crise de tachycardie, entraîne une chute de pression parfois assez forte pour provoquer l'anémie cérébrale.

L'observation du rythme chez les sujets, entraînés ou non,

fournissant un même travail, dépensant une même quantité d'oxygène, montre que chez ceux qui sont entraînés, l'accélération est beaucoup moins sensible que chez les autres.

Nos observations personnelles nous donnent une augmentation moyenne de 65 à 150 pour les non entraînés, de 72 à 120 pour les entraînés. Remarquons ici que, en dehors même de l'exercice, le cœur des entraînés a un rythme inférieur à celui des autres sujets. A Joinville on a noté la descente de la courbe du rythme proportionnellement à la durée de l'entraînement.

Tous les auteurs s'accordent pour fixer à 160 pulsations le maximum observé pendant les exercices les plus violents. Le rythme s'accélère pendant l'exercice, mais, quand ce chiffre de 160 est atteint, le rythme reste constant et l'augmentation de débit ne peut être attribuée qu'à une augmentation de l'ondée cardiaque. Si on prend le tracé du pouls pendant l'exercice, on constate que l'accélération débute immédiatement et peut même précéder la première contraction musculaire. Une lecture du tracé montre que cette accélération porte exclusivement sur le temps diastolique. Ce n'est qu'ultérieurement que l'on observe un raccourcissement de la systole. Cette accélération initiale ne peut s'expliquer par une modification chimique du milieu; elle est due à une diminution du tonus inhibiteur du pneumogastrique résultant d'une inaction des centres corticaux sur le centre bulbaire du vague.

C'est un exemple de ces mécanismes d'adaptation si fréquents dans l'organisme vivant: l'impulsion partie des centres nerveux pour provoquer le travail du muscle est partiellement dirigée vers le bulbe, pour assurer préventivement l'apport d'oxygène dans les régions en activité.

L'accélération progressive que l'on observe ensuite est le résultat de causes multiples : production de métabolites dans le muscle qui travaille, acide carbonique, acide lactique, etc., qui viennent agir sur les centres accélérateurs ou inhibiteurs; élévation de la température, interréaction des centres respiratoires et cardiaques bulbaires, sécrétion augmentée de l'adrénaline, enfin débit augmenté du sang veineux provoquant une excitation du cœur soit immédiate sur le système neuro-musculaire du cœur, soit médiate par voie réflexe.

Débit du cœur.

C'est donc dans l'augmentation du débit de chaque contraction cardiaque qu'il faut trouver la cause de l'augmentation du débit horaire ou par minute. Les méthodes nouvelles utilisées pour calculer le débit du cœur par minute ou par contraction montrent que pendant le travail, le débit peut être doublé, passant de 60 ou 70 cm³ à 120-150 cm³ sous l'influence d'un violent exercice.

Ici encore, nous notons une différence entre les sujets entraînés et les autres. Chez ces derniers, le débit augmente à peine de 10 à 20 cm³, ce qui s'explique par l'accélération du rythme signalée plus haut.

Par quel mécanisme est obtenue cette augmentation? Par un meilleur remplissage du cœur pendant la diastole, celui-ci étant réalisé :

1° Par une diminution du tonus du muscle cardiaque (d'où une moindre résistance à l'afflux du sang dans les cavités cardiaques) ;

2° Par un afflux plus important du sang veineux. C'est là le facteur essentiel, et nous avons déjà montré que, sous l'influence de l'exercice, une série de facteurs extrinsèques au cœur favorisent cet apport de sang veineux dans le ventricule droit, de sang artériel dans le ventricule gauche.

Ici intervient le mode de respiration. La respiration costale modifie peu le débit alors que la respiration abdominale, par suite de l'expression du sang de la cavité abdominale vers la cage thoracique, l'accroît considérablement. Dans un exercice violent et court, la respiration est à la fois costale et abdominale et le débit n'est pas très augmenté, alors que, dans un exercice prolongé, comme dans une course de fond ou un cross country, la respiration est surtout abdominale, assurant un afflux régulier et abondant du sang au cœur.

Le remplissage rapide et complet des cavités cardiaques n'a pas seulement pour effet d'apporter une quantité de sang plus considérable, il contribue encore à augmenter la force de la contraction cardiaque. Le cœur, muscle creux, obéit aux lois qui régissent tout le système musculaire. Or CHAUVEAU a démontré que l'énergie que développe un muscle est fonction de son allongement initial; et STARLING a établi que la force de contraction est directement proportionnelle à la longueur initiale de ses fibres à la fin de la diastole. On conçoit donc que la force déployée pendant la systole sera d'autant plus énergique que le cœur aura été plus distendu pendant la diastole précédente.

Mais la loi de STARLING que nous venons de citer n'est applicable qu'à un cœur dans de bonnes conditions de vitalité. Si le myocarde est faible, mal développé, mal irrigué, l'afflux veineux produira une dilatation des cavités cardiaques, principalement du cœur droit.

Les effets de l'exercice sont précisément d'entraîner le cœur, de le mettre en état de travailler utilement dans les meilleures conditions physiologiques de nutrition, sans avoir à redouter les dilatations morbides.

Les autopsies ont montré que le poids du cœur était fonction du développement musculaire général. Les observations de NICOLAÏ et ZUNTZ, de POTAIN et VAQUEZ sur les élèves de Joinville établissent que sous l'influence de l'entraînement progressif, il y a développement du cœur. La surface cardiaque déterminée par la percussion donne une augmentation de 92 à 122 cm³ après trois ans de travail à Joinville. Chez les athlètes, on constate généralement que la pointe du cœur est légèrement abaissée, son choc plus marqué, le second bruit renforcé : autant d'indices d'une certaine hypertrophie, mais, comme le fait remarquer MERKLEN, d'une hypertrophie physiologique, n'entraînant aucun trouble fonctionnel. La radioscopie a permis de reconnaître également que les athlètes avaient un cœur plus développé que les hommes sédentaires.

Si les observations concordent pour établir le développement du cœur sous l'influence de l'exercice prolongé, de l'entraînement, il n'en est plus de même en ce qui concerne les modifications du volume du cœur au cours même de l'exercice. Seule la radioscopie peut résoudre cette question et jusqu'ici les résultats obtenus sont assez contradictoires. Presque toujours les orthodiagrammes ont été pris non pendant l'exercice, mais immédiatement après. Si NICOLAÏ et ZUNTZ ont trouvé une augmentation de 4 centimètres de diamètre transversal pendant le travail et une diminution immédiatement après, WILLIAMSON, observant 33 sujets, indique une diminution dans 29 cas, une dilatation dans 3 cas et un état stationnaire dans un cas. SOREL et LANGLOIS, étudiant le cœur au cours d'un travail statique (soulèvement à bras tendu d'un haltère de 5 kilogrammes), notent sur les orthodiagrammes une augmentation du diamètre transversal.

La répartition du sang.

Pendant le repos, on admet qu'un tiers de la masse sanguine se trouve dans le système musculaire : soit une irrigation musculaire d'un litre et demi par minute. Mais quand les muscles sont en activité, le besoin d'oxygène devient tel que l'on peut estimer à 200 cm³ l'oxygène consommé par minute, ce qui comporte un passage de 13 litres de sang par minute dans les masses musculaires, chiffre correspondant à une circulation environ huit fois plus active. Les travaux de LINHARD et KROG montrent que, chez les sujets entraînés, cette activité circulatoire est encore supérieure, pouvant atteindre le multiple de 10, c'est-à-dire 15 litres par minute, alors que chez les sédentaires elle reste parfois au-dessous du chiffre que nous avons pris comme chiffre de base pendant le repos, soit inférieur à 1 litre et demi de sang par homme. Or nous avons vu que le débit du cœur passe de 5 à 21 litres, soit cinq fois plus seulement. Il faut donc admettre une modification dans la répartition du sang pendant le travail.

Cette répartition est assurée par le jeu des vaso-moteurs.

En même temps que la vaso-dilatation s'établit dans les muscles qui travaillent, une vaso-constriction provoquée par l'intermédiaire des splanchniques diminue la circulation viscérale.

La pression artérielle.

Le facteur essentiel de l'augmentation de l'irrigation sanguine est la *pression artérielle*. De nombreuses observations ont démontré cette augmentation au cours de l'exercice, et l'emploi des sphygmomanomètres applicables à l'homme ont permis de poursuivre cette étude avec précision. La pression maxima ou systolique augmente dès le début de l'exercice et s'élève graduellement, pour atteindre un maximum vers la cinquième ou la dixième minute suivant l'intensité même de l'effort.

Mais dans la plupart des recherches, la pression a été mesurée aussitôt après l'exercice. Il est absolument nécessaire pour avoir des chiffres exacts de prendre cette pression au cours même de l'exercice. En utilisant l'oscillographe de Pachon, Chailleybert et Langlois ont pu suivre les variations de la pression pendant le travail. Or on peut ainsi constater qu'immédiatement après la cessation du travail il se produit une courte chute de pression de trois à cinq centimètres suivie d'une nouvelle ascension, mais qui n'atteint pas le maximum observé à la fin de l'exercice.

Pour la pression minima ou diastolique, les variations de pression sont encore plus marquées. Dans la première minute du travail, on observe une courte élévation suivie d'une chute pendant quelques secondes, puis la pression prend une marche ascendante jusqu'au maximum où elle se stabilisera, mais avec des oscillations plus nettes que pour la pression maxima.

A la fin de l'effort, la chute de pression est telle qu'elle peut descendre de 1 à 2 centimètres au-dessous de la pression initiale.

Puis, après une nouvelle ascension, la pression minima descend pour tomber encore au-dessous de la pression initiale pendant plusieurs minutes.

Nous n'avons pas donné jusqu'ici de chiffres absolus de pression mesurée avec les divers appareils : c'est que, suivant la méthode utilisée, les divers chiffres sont différents.

Le tableau suivant, emprunté à Boigey, montre les différences suivant les appareils :

	TENSION MAXIMA.	PRESSION MINIMA.
Appareil Potain...............	17	‟
— Riva Roggy........	11 à 12	‟
— Korotkow.........	12 à 13	9
— Amblart..........	12 à 14	7
— Pachon...........	15 à 17	9
— Vaquez...........	11 à 13	8

Boigey a particulièrement insisté sur l'intérêt que présente l'observation des variations de la tension variable, c'est-à-dire la différence entre les maxima et minima, et a montré en effet que l'écart augmente avec la grandeur de l'effort et l'accélération du cœur, jusqu'au moment où, l'accélération cardiaque étant trop forte, il se fait un effondrement de la pression maxima, alors que la minima reste élevée, amenant ainsi une diminution considérable de la variable.

Cette chute de la variable indique que le sujet est au bout de ses forces.

L'effort.

Dans les traités de physiologie, l'expression effort est réservée au déploiement, à un moment donné, d'une contraction musculaire intense pour vaincre une résistance considérable (BEAUNIS). Pour réaliser cet effort, le sujet assure l'immobilisation de la cage thoracique par un mouvement expiratoire énergique avec fermeture de la glotte. C'est surtout par le travail des bras que se produit ainsi l'immobilisation de la cage thoracique, fixant les omoplates, les côtes et le sternum points d'insertion des muscles brachiaux. Pour les membres inférieurs, le bassin relativement fixe suffit quand l'effort est faible, mais pour l'effort énergique il faut encore assurer une fixité plus grande par la contraction des abdominaux et des lombaires pour prévenir la rotation des os iliaques autour de l'axe transversal passant par les articulations coxo-fémorales.

Enfin l'effort se produit encore pour favoriser l'expulsion des produits contenus dans les viscères abdominaux : défécation, vomissement, accouchement.

Le fait qui domine dans l'effort, c'est l'augmentation de pression intrapulmonaire qui, de négative ou nulle, peut atteindre 25 à 35 centimètres de mercure.

Outre l'arrêt de la ventilation pulmonaire, l'effort est un perturbateur profond de la circulation, agissant sur le cœur, la pression artérielle, la circulation veineuse et surtout sur la circulation pulmonaire.

Sur le cœur, l'augmentation de pression ne se fait sentir que sur les oreillettes dont la distension est rendue moins facile, et peut-être légèrement sur les parois relativement minces du ventricule droit.

Dans la circulation veineuse, le trouble est considérable, l'augmentation de la pression thoracique s'oppose à l'arrivée du sang veineux dans la cavité du poumon; on voit les veines du cou se gonfler, signe de la stase veineuse générale.

Dans les poumons eux-mêmes, il peut se produire un véritable collapsus des vaisseaux pulmonaires amenant l'arrêt ou tout au moins une diminution de l'afflux veineux vers le cœur.

La pression artérielle s'élève rapidement et immédiatement par suite de l'expression de l'aorte et de l'accélération du cœur par inhibition des vagues, et d'autre part par la contraction statique tonique des muscles qui font arrêt à la circulation périphérique. Mais si l'effort persiste, on assiste à une chute de pression considérable provoquée par le non-remplissage du cœur, l'apport du sang venant des poumons étant supprimé. La chute peut être telle que l'on constate la disparition du pouls radial et peut-être même un arrêt complet du cœur.

Si l'effort cesse quand la pression est encore élevée, on observe une chute brusque de la pression artérielle, un dicrotisme exagéré. Cette chute s'explique par la décompression de l'aorte qui emmagasine les premières ondées sanguines, par le dégagement de la circulation veineuse et l'appel du sang vers le thorax en inspiration forcée. Mais cette chute est passagère, le sang arrive en masse au cœur, le rythme cardiaque diminue par inhibition du vague et les diastoles plus ralenties permettent le jeu normal du cœur.

Les troubles cérébraux observés pendant l'effort, obnubilation, vertige, etc., peuvent s'expliquer par les modifications de la circulation cérébrale ; mais ces modifications sont très variables par suite des effets antagonistes de la circulation veineuse et artérielle. Le liquide céphalo-rachidien ne peut jouer le rôle compensateur qui lui est dévolu.

Sans insister, rappelons que sous l'influence de l'effort des troubles graves peuvent se produire : dans la plèvre, formation d'un pneumothorax ; dans les tissus du cou, emphysème sous-cutané par perméabilité de la trachée, embolie gazeuse par passage de l'air et surtout de l'azote à travers les parois des vaisseaux pulmonaires.

C'est à cette dernière cause que l'on a attribué les morts subites pendant ou après l'effort.

CHAPITRE II.

INFLUENCE DE L'EXERCICE
SUR LA RESPIRATION.

On peut poser en principe au début de ce chapitre que l'activité respiratoire est essentiellement fonction du travail musculaire. On sait en effet qu'il existe une relation étroite entre la consommation de l'oxygène, la production de l'acide carbonique et l'activité musculaire. D'autre part, les travaux récents démontrent que le système respiratoire est si bien adapté que la tension de l'air alvéolaire, c'est-à-dire de l'air en contact direct avec le sang circulant au niveau des alvéoles pulmonaires, présente une constance remarquable : 6 p. 100 de CO_2, quelles que soient les variations dans l'intensité des échanges respiratoires généraux. Nécessairement cet équilibre constant ne peut être réalisé que par une variation exacte ment correspondante de la ventilation pulmonaire. C'est en fait ce que démontrent toutes les observations prises.

Pour un travail constant, régulier, sans fatigue réelle, la consommation d'oxygène, l'élimination d'acide carbonique, le débit pulmonaire donnent lieu à des graphiques linéaires.

Nous savons que la mécanique respiratoire est mise en jeu par un centre nerveux spécial siégeant dans le bulbe, le centre respiratoire. Quelles sont les influences qui peuvent modifier l'excitabilité de ce centre, entraînant ainsi les variations dans la ventilation ?

Trois facteurs sont à considérer :

1° La composition du sang ;

2° La sensibilité du centre ;

3° Les effets réflexes.

La composition du sang.

Le rôle des gaz du sang a surtout été évoqué, et suivant une vieille expression, c'est la veinosité du sang qui est le principal excitant du centre respiratoire. Mais cette veinosité comporte deux éléments : une diminution dans la proportion d'oxygène, une augmentation dans la proportion d'acide carbonique. Dans les conditions ordinaires de repos ou de travail modéré (nous ferons une réserve pour le travail excessif), les variations d'oxygène n'exercent aucune influence sur la ventilation pulmonaire. Nous pouvons respirer dans une atmosphère qui a perdu 2 à 6 p. 100 d'oxygène (18 à 16 p. 100 au lieu de 21) sans modifier notre ventilation, alors qu'une augmentation de 1/2 p. 100 d'acide carbonique suffit pour doubler notre ventilation. Une expérience très facile à réaliser donne une démonstration évidente de cette différence.

Le sujet respire dans un espace clos (un ballon de caoutchouc de 20 litres) ; la respiration s'accentue très rapidement, tant par le nombre que par l'amplitude des mouvements respiratoires, et la dyspnée éclate. Dans une seconde expérience, on verse dans le ballon une solution concentrée de potasse ou de soude qui absorbera l'acide carbonique formé, le sujet respire alors sans difficulté, sa respiration reste calme, et si l'expérience est poursuivie un certain temps, on peut observer tous les signes de la cyanose par le bleuissement des lèvres, de la face, sans que la dyspnée se manifeste. L'analyse du contenu du sac montre que l'oxygène est réduit à 10 p. 100.

Nous pouvons donc affirmer que c'est l'acide carbonique qui est le premier régulateur de la ventilation pulmonaire, soit en agissant directement par sa tension, soit en modifiant la concentration sanguine des ions et par suite de l'acidité du sang.

La sensibilité des centres respiratoires.

Mais on peut observer, et ceci surtout au cours de l'exercice, des différences assez marquées dans la ventilation, pour un travail constant et même quand l'expérience démontre que les combustions internes sont restées les mêmes. Il faut alors faire intervenir les variations d'excitabilité du centre respiratoire qui peut, suivant les circonstances, réagir différemment aux excitations d'égale intensité. C'est au début même de l'exercice que l'on observe le plus souvent une ventilation excessive qui n'est pas en rapport avec l'intensité du travail effectué.

Ces modifications d'excitabilité du centre peuvent s'expliquer par l'action des centres nerveux supérieurs. Les impulsions parties de ces centres pour commander le mouvement agissent à la fois et sur l'appareil moteur et sur les centres bulbaires ou médullaires qui président aux fonctions nécessaires à l'activité musculaire : centres respiratoires, cardiaques, vaso-moteurs.

Cette modification de l'excitabilité des centres respiratoires *au début* de l'exercice est bien établie par l'expérience. En est-il encore de même *au cours* de l'exercice ? Le fait est discuté ; cependant on peut admettre qu'elle peut intervenir au moins partiellement pour expliquer certaines variations observées pendant le travail, notamment le second souffle, sur lequel nous aurons à revenir.

Dans tous les cas, on peut évoquer un autre facteur susceptible de modifier cette excitabilité au cours du travail : l'élévation même légère de la température interne, qui augmente certainement l'excitabilité des centres nerveux en général.

Des effets réflexes.

Pendant longtemps, on a attribué aux actions réflexes un rôle important dans le mécanisme régulateur de la respiration. Bien qu'actuellement son facteur essentiel soit reconnu attribuable aux modifications chimiques du sang, l'influence des actions réflexes ne saurait être rejetée. D'autre part, le rôle régulateur indéniable des pneumogastriques ne saurait être négligé. C'est grâce à l'intervention de ces nerfs que le rythme respiratoire, au lieu d'être saccadé, prend son allure régulière sans pause inspiratrice ou expiratrice, l'inspiration provoquant l'expiration et inversement avant que les besoins chimiques provoquent ces mouvements. Ici encore *interviennent* les modifications de l'excitabilité bulbaire sous l'influence des excitations venues des poumons par les pneumogastriques.

Mais il faut encore faire intervenir les réflexes cutanés, puissants modificateurs de cette excitabilité bulbaire, telle l'action de l'air extérieur, surtout en mouvement. Dans un milieu confiné, il suffit d'assurer le brassage de l'air pour amener une sensation de bien-être, et régulariser le rythme respiratoire, surtout si le sujet se livre à un exercice plus ou moins violent. L'influence du déplacement d'air, pendant la marche, est bien connue et souvent l'effet bienfaisant de l'air arrivant sur la surface du corps compense la résistance à vaincre de ce chef.

Ventilation pulmonaire et régulation thermique.

En dehors de l'action des gaz du sang sur la respiration, un autre facteur intervient pour accélérer la ventilation pendant l'exercice : c'est la nécessité d'assurer la déperdition du calorique produit en excès par le travail. Nous savons que le moteur humain, si parfait qu'il soit, n'a encore qu'un rendement oscillant entre 20 et 30 p. 100 ; parce que, dans l'énergie dépensée au cours du travail, 70 à 80 p. 100 sont dégradés en chaleur et que la température de l'organisme s'élèverait rapidement si le mécanisme régulateur thermique n'intervenait pas.

Pour assurer cette déperdition intense de calorique, l'organisme dispose de plusieurs procédés : la radiation thermique, qui devient rapidement insuffisante pour un travail énergique, surtout si le milieu ambiant est déjà à une certaine température; l'évaporation de la vapeur d'eau, procédé le plus énergique, puisqu'il peut représenter les 80 p. 100 de la chaleur perdue. Cette évaporation se fait surtout chez l'homme par la peau, sous forme de sueur, mais une partie également de l'eau évaporée se fait par l'air expiré. Celui-ci sort du poumon saturé d'humidité et on conçoit que plus la ventilation sera active, plus la déperdition sera considérable.

Un exemple frappant nous est donné par le chien. Chez cet animal, la transpiration cutanée n'existe pas, puisqu'il n'a pas de glandes sudoripares, et l'évaporation est exclusivement pulmonaire, d'où cette accélération du rythme respiratoire que l'on constate chez lui, soit par les fortes chaleurs, soit à la suite du plus petit exercice. La polypnée thermique si intense du chien est moins manifeste chez l'homme. Elle n'en existe pas moins et si, dans la majorité des cas, l'excès d'acide carbonique suffit pour provoquer une ventilation suffisante à entraîner la perte d'eau pulmonaire nécessaire, dans quelques cas, l'accélération du rythme observée, plus encore que l'amplitude des mouvements respiratoires, s'explique par l'intervention du centre polypnétique fonctionnant sinon indépendamment, au moins conjointement avec le centre respiratoire. Il en est ainsi notamment quand le travail s'exécute en milieu chaud, avec état hygrométrique élevé, ou encore quand les vêtements s'opposent à l'évaporation cutanée (RICHET et LANGLOIS).

L'essoufflement.

La nécessité d'assurer les échanges gazeux singulièrement accrus pendant l'exercice provoque une augmentation de la ventilation qui est fonction du travail accompli. Mais cette augmentation est obtenue par deux procédés fonctionnant simultanément : une accélération du rythme respiratoire, une augmentation de l'amplitude des mouvements respiratoires.

L'accélération du rythme respiratoire représente un mécanisme analogue à celui de l'accélération du cœur. Une accélération modérée de la respiration favorise les échanges. Mais une accélération intensive sans modification de l'amplitude, ou même avec une diminution de l'amplitude, n'assure pas le brassage de l'air alvéolaire.

Ici intervient en effet le coefficient de ventilation, c'est-à-dire le rapport de la quantité d'air nouveau qui parvient aux alvéoles à chaque inspiration. Ce coefficient, avec une respiration normale de 500 cm³, ne représente que les 1/11 de l'air contenu dans le poumon. Mais quand le rythme s'accélère pour prendre le type polypnétique (plus de 50 respirations par minute), l'air courant tombe à 200 ou 300 cm³ et le coefficient de ventilation s'abaisse à 1/15. Dans ces conditions, l'oxygénation devient insuffisante et l'essoufflement apparaît.

Par l'augmentation de l'amplitude respiratoire, le coefficient de ventilation s'élève progressivement, et avec un air courant d'un litre, il atteint 1/5. Les effets de l'entraînement ont précisément pour résultat de mettre l'organisme en état d'assurer sa ventilation plus par l'augmentation dans l'amplitude des respirations que par l'accélération du rythme.

Le second souffle.

Les coureurs à pied ou à bicyclette ont souvent observé qu'après quelques minutes d'exercice, la respiration, au lieu de continuer à s'accélérer ou à augmenter d'amplitude, tend à diminuer. Au premier symptôme d'essoufflement succède une phase passagère de calme respiratoire relatif, c'est ce que les Français appellent *le second souffle*, les Anglais *the second wind*.

Une étude poursuivie sur le tapis roulant du laboratoire d'éducation physique de la Faculté de Médecine a permis à Langlois et Paul Chailley-Bert de préciser le mécanisme de ce souffle.

Alors que le travail reste rigoureusement constant, puisque la vitesse du tapis ne varie pas, vers la dixième ou vingtième minute de course, les courbes indiquent une diminution de la ventilation, avec une diminution correspondante des échanges; puis, après quelques minutes, les courbes remontent. On ne saurait évoquer une simple diminution de l'excitabilité des centres respiratoires, puisque les échanges diminuent également. Il paraît plus logique d'expliquer le phénomène par une meilleure adaptation du sujet au cours du travail. Au début, pendant la période de démarrage même, prolongée, les muscles fonctionnent mal, le jeu des antagonistes n'est pas régulièrement établi, le rendement est médiocre. Puis, la machine humaine améliore son fonctionnement, les muscles utiles ne donnent que l'effort nécessaire, alors que les antagonistes cessent de contrecarrer l'effet des premiers : d'où dépense moindre d'énergie, production moindre de CO_2 et ventilation diminuée. Mais avec la continuation du travail, les premiers effets de la fatigue compensent l'adaptation et la respiration s'accélère de nouveau. Les physiologistes anglais ont signalé la coïncidence de l'apparition du « second wind » avec la sudation. L'apparition de la sueur peut n'être qu'une conséquence de la diminution de la ventilation pulmonaire. L'évaporation aqueuse de l'eau se trouvant ainsi diminuée, la température s'élèverait si la sudation n'entrait en jeu immédiatement.

Les effets de l'exercice prolongé sur l'appareil respiratoire.

L'influence durable de l'exercice sur la fonction respiratoire a été bien étudiée par Marey, puis par Roblot, Tissie, etc. En règle générale, la ventilation pulmonaire augmente non seulement pendant l'exercice, mais encore en dehors des périodes de travail, et ce gain résulte surtout de l'augmentation de l'amplitude des mouvements alors que le rythme tend plutôt à diminuer.

Il y a lieu de considérer séparément, d'une part la ventilation normale, l'air courant des physiologistes et, d'autre part, la capacité vitale représentant le maximum d'air qui peut être expulsé après une inspiration profonde, c'est-à-dire le maximum d'air mis en mouvement dans une respiration forcée.

La détermination de l'air courant est toujours très difficile; il suffit que le sujet ait conscience d'être observé pour qu'à son insu il modifie sa respiration. Néanmoins, par des méthodes indirectes, on peut approximativement déterminer cette quantité. Or, si chez l'homme adulte, l'air courant varie autour d'un demi-litre, on constate que chez les sujets entraînés, ce débit atteint facilement 700 cc³ et, chez certains types particulièrement développés, 1 litre.

Quant à la capacité vitale, qui a fait l'objet de nombreuses mesures spirométriques, la moyenne chez l'adulte approche de 3 litres et demi, augmentant depuis l'enfance, non en fonction de la taille, mais du poids (d'après Demeny), et atteignant son maximum vers 35 ans. L'entraînement pro voque-t-il une augmentation de la capacité vitale ? Le plus grand nombre des observations tendent à établir cette augmentation, qui serait d'un demi-litre environ. Les athlètes donnent une moyenne de 4 litres au lieu de 3,5.

Une opinion contraire a été soutenue par ROBLOT, qui, sur les élèves de Joinville, n'a pas vu les données spirométriques se modifier après le stage. Mais il est probable que les sujets observés étaient déjà bien développés à leur arrivée.

L'augmentation des périmètres et des diamètres thoraciques, a été observée chez presque tous les entraînés, mais ce sont surtout les différences des mesures prises à l'inspiration et à l'expiration, preuve du plus grand jeu de la cage thoracique, qui sont accentuées sous l'influence de l'exercice.

Gymnastique respiratoire.

Quel est donc l'effet favorable de la gymnastique sur la respiration ? Quelle est l'action des exercices généraux d'une part et d'autre part des exercices spéciaux désignés sous le terme de gymnastique respiratoire ?

« Pour développer la poitrine et accroître la capacité fonctionnelle des poumons, il faut exercer les jambes, il faut courir.» BOIGEY a parfaitement résumé dans cet aphorisme l'opinion de la plupart des physiologistes qui ont étudié la question. Nous retrouvons cette opinion exprimée dans LAGRANGE, dans TISSIÉ ; elle découle des faits scientifiques exposés plus haut. C'est l'activité musculaire qui provoque le besoin d'air, le jeu de toute la respiration.

Or la gymnastique respiratoire vise essentiellement le développement des régions supérieures de la cage thoracique, la substitution, ou plus exactement l'adjonction de la respiration costale à la respiration diaphragmatique.

Chez le sujet adulte, bien conformé, les mouvements spéciaux de gymnastique respiratoire sont peu nécessaires. Il ne s'agit pas ici des exercices respiratoires simples au cours de la leçon ou du travail.

S'il est vrai que les exercices respiratoires poursuivis intensivement augmentent la capacité vitale jusqu'à 5 litres, rien ne prouve l'utilité d'atteindre ces chiffres, réserve faite pour les chanteurs. Mais si le sujet est mal conformé, surtout pendant la période de croissance, l'exercice respiratoire bien compris est justifié. Le développement harmonieux des muscles inspirateurs, une meilleure mobilisation des articulations chondro-costales, peut-être même une plus grande élasticité des tissus pulmonaires eux-mêmes peuvent resulter de ces exercices.

CHAPITRE III.

RÉGIME ALIMENTAIRE PENDANT LE TRAVAIL ET LE REPOS.
RÉGIME ALIMENTAIRE DES ATHLÈTES.

Les besoins alimentaires de l'homme.

Il est banal de comparer le corps humain à une machine qu'on doit approvisionner de combustible pour qu'elle produise de l'énergie. En outre, notre organisme trouve dans la nourriture les éléments de sa croissance et de la réparation de ses tissus. Sa force et sa vie, il les puise dans les aliments qu'il ingère.

Nous devons donc considérer ceux-ci au double point de vue de la matière et de l'énergie qu'ils fournissent.

Les aliments considérés au point de vue matière.

On distingue généralement dans les aliments que nous consommons deux grandes catégories de substances :

Les minérales, qui ne produisent pas d'énergie ;

Les organiques, susceptibles d'en fournir.

On les subdivise ainsi :

Substances minérales. { Eau.
Sels de divers métaux.

Substances organiques. { non azotées { hydrates de carbone. graisses.
azotées.

Ce sont les mêmes qu'on retrouve d'ailleurs dans notre organisme où elles constituent la matière vivante et ses produits de transformation. Nous examinerons successivement chacune d'elles.

SUBSTANCES MINÉRALES.

Eau. — L'eau n'est pas à proprement parler un aliment puisque l'organisme ne la transforme pas. Mais notre corps en contient une si grande quantité, plus des deux tiers (50 kilogr. sur 70 que pèse un adulte moyen), tous nos aliments, sauf les graisses, en renferment tellement que nous devons cependant en dire quelques mots. En fait, tous les constituants de l'organisme sont en solution très diluée ; les matières alimentaires ne peuvent passer du tube digestif dans la circulation qu'après avoir été solubilisées, ce qui constitue le travail de la digestion; les produits de déchet ne peuvent être éliminés qu'au-dessous d'une certaine concentration. L'eau est donc le véhicule indispensable de tous les échanges de matières de notre corps.

De plus, elle joue un rôle important dans la régulation thermique. Toute cause externe (insolation, chaleur) ou interne (travail musculaire) qui tend à élever la température du corps provoque aussitôt la transpiration. L'eau, absorbant une grande quantité de chaleur en se vaporisant (581 calories par litre), la sueur dissipe rapidement l'excès de chaleur et maintient la température constante.

On a établi le bilan de sa consommation. L'adulte élimine par jour de 2 à 3 litres d'eau, selon la température extérieure et le travail qu'il fournit, dont : 1,000 à 1,800 grammes par la sécrétion urinaire, 50 à 100 par la défécation, 400 à 500 par la respiration et le reste par la transpiration. Les aliments en apportent chaque jour de 800 à 1,000 grammes, le reste doit être absorbé sous forme de boissons.

Sels minéraux. — Les sels ne contribuent pas directement aux transformations énergétiques; cependant ils jouent dans l'alimentation un rôle nécessaire, puisqu'on en trouve dans toutes les parties du corps et que leur privation ne tarde pas à provoquer des désordres graves. L'analyse chimique révèle, dans l'organisme, des composés minéraux très variés : chlorures, sulfates, carbonates, phosphates, etc., de sodium, potassium, magnésium, calcium, etc., du fer, du soufre, du phosphore, de l'iode, de l'arsenic, etc., qui entrent dans la constitution des composés organiques complexes.

Nous éliminons chaque jour 26 à 27 grammes de sels minéraux, dont moitié environ de chlorure de sodium, principalement par l'urine, les matières fécales et la sueur, mais aussi, bien qu'en moindre proportion, par la desquamation de la peau et la coupe des cheveux et des ongles. Notre nourriture nous procure les quantités suffisantes des différents principes minéraux sans que nous nous en préoccupions. Tout au plus éprouvons-nous le besoin d'y ajouter du chlorure de sodium en nature dont nous consommons en moyenne 8 à 10 grammes par jour, qui s'ajoutent aux 18 grammes de sels divers que contiennent nos aliments pour parfaire la balance.

Matières organiques non azotées. — Les matières organiques non azotées sont aussi appelées fréquemment substances ternaires, parce que l'analyse n'y découvre que trois corps simples : le carbone, l'hydrogène et l'oxygène. La matière vivante de l'homme étant formée de substances plus complexes, où l'azote s'ajoute à ces trois corps, les aliments non azotés ne peuvent servir à son entretien, à sa réparation. Par contre, le carbone et l'hydrogène qu'ils renferment peuvent être transformés en acide carbonique et en eau en dégageant de l'énergie : ce sont des aliments calorifiques ou respiratoires.

On les divise en deux groupes, d'après leur constitution chimique et la chaleur qu'ils peuvent dégager : les hydrates de carbone et les graisses.

SUBSTANCES ORGANIQUES.

Hydrates de carbone. — On réunit sous le nom d'hydrates de carbone un grand nombre de corps contenant deux fois plus d'hydrogène que d'oxygène. Leur formule générale est donc $C^n (H^2 O)^p$. Parmi ceux qu'on trouve le plus communément dans nos aliments, on peut citer la glucose ou sucre de raisin, la lévulose ou sucre de fruit, la saccharose ou sucre de canne et de betterave, la lactose ou sucre de lait, l'amidon des graines, le glycogène du foie, etc.

L'homme élimine en moyenne 280 grammes de carbone par jour, dont 270 sous forme d'acide carbonique exhalé par le poumon et le reste sous forme d'urée et de carbonates dans l'urine et la sueur. Il compense cette perte par l'absorption d'aliments organiques. Les hydrates de carbonne, abondants dans les végétaux, ne peuvent suffire seuls à ce besoin, mais ils peuvent satisfaire sa plus grande part. Les sucres ont l'avantage d'être immédiatement utilisables par l'organisme, sans transformations chimiques complexes et sans production de déchets toxiques, ce qui expliquerait leur effet tonique dans la fatigue.

Matières grasses. — Les matières grasses typiques sont les graisses neutres : huile, beurre, saindoux, etc. Dans nos aliments, il en est d'autres plus complexes, tels que les lipoïdes (lécithine, cholestérine) et une vitamine dite «facteur A» indispensable à la croissance des jeunes.

Les matières grasses de notre corps forment deux groupes physiologiquement distincts : les graisses de constitution des cellules en proportions déterminées et invariables ; les graisses de réserve, accumulées en masses parfois considérables sous la peau autour des organes, dont la quantité est extrêmement variable ; ces dernières se forment quand l'alimentation est surabondante et disparaissent quand elle devient insuffisante ; ce sont des dépôts de combustible prêts à être mobilisés et brûlés.

Les aliments apportent de la graisse à chaque repas. Les viandes en contiennent de 15 à 25 p. 100, le porc au moins 5, le lait 4, le fromage 25, le jaune d'œuf 30, les lentilles, pois, haricots 2, les noix, noisettes, amandes 50 à 60 p. 100. Nous y ajoutons des corps gras, à peu près purs : huiles et graisses végétales et animales.

Notre nourriture de chaque jour renferme de 50 à

100 grammes de matières grasses. On peut augmenter fortement cette quantité, mais on ne peut substituer entièrement les graisses aux hydrates de carbone, et d'ailleurs cette substitution n'est pas désirable puisque les matières grasses coûtent plus cher et sont moins aisément digestibles.

On a cherché à fixer la quantité minimum qu'il est nécessaire de trouver dans la ration alimentaire de chaque jour ; sans être arrivé à un chiffre absolu, on peut indiquer 75 grammes de graisses comme un minimum pratique suffisant largement à tous les besoins.

Matières azotées. — Les matières azotées constituent les substances organiques vivantes, telles que la viande, le sang, les œufs, le lait, etc. Elles sont d'une très grande complexité dans laquelle nous n'entrerons pas ici, renvoyant pour cette étude aux traités de chimie biologique.

Notre organisme renferme 16 p. 100 de corps azotés de toutes sortes, soit la moitié de la matière organique qu'il contient. Ils forment le noyau et le protoplasma des cellules, la substance véritablement vivante ; celle-ci s'use par le fonctionnement et doit trouver dans la nourriture les matériaux nécessaires à son entretien, à sa reconstitution incessante, à son accroissement pendant le jeune âge.

Nous perdons chaque jour par l'urine environ 16 grammes d'azote correspondant à environ 100 grammes de composés azotés. Notre nourriture doit compenser cette perte. Tous nos aliments, tant végétaux qu'animaux, nous en fournissent ; l'œuf en renferme 12 p. 100 ; le lait 4, la viande 15 à 20, le poisson de 10 à 20, les fromages de 25 à 35, les haricots, pois, lentilles de 20 à 25 p. 100, les légumes verts et les fruits beaucoup moins. On a cherché quel était le besoin minimum d'aliments azotés auquel la ration journalière doit satisfaire et l'on s'était arrêté au chiffre de 1 gramme par kilogramme de poids corporel. On sait depuis peu que ce besoin n'est pas seulement quantitatif et qu'il faut tenir compte de la qualité des albumines ingérées et de leur état de fraîcheur ; en effet, elles ne peuvent se substituer les unes aux autres et, de plus, elles contiennent des vitamines indispensables à la santé qui sont détruites par la stérilisation. Dans l'état actuel de la science, on ne peut que recommander une alimentation azotée variée et non entièrement stérilisée, c'est-à-dire non uniquement composée de conserves.

On admet que la ration de matières azotées ne doit pas dépasser 300 grammes par jour. Il est d'ailleurs inutile de dépasser largement le minimum indispensable, puisque les aliments azotés sont les plus coûteux et que leur excédent sur les besoins de réparation de l'organisme ne fournit de l'énergie qu'avec un déchet plus grand que les aliments ternaires.

Les aliments considérés au point de vue de l'énergie.

La plus grande part des aliments que nous consommons sert à maintenir notre température interne constante au voisina e de 37° 5, quelle que soit la température extérieure, et à fournir l'énergie nécessaire au travail que nous produisons. A ce point de vue, l'organisme peut être rigoureusement comparé à une machine.

Comme dans celle-ci, mais à travers des réactions plus nombreuses et beaucoup plus complexes, la combinaison du carbone et de l'hydrogène des aliments avec l'oxygène de l'air appo té par le sang forme de l'acide carbonique et de l'eau, réactions qui dégagent de la chaleur et peuvent produire du travail. Plus il fait froid, ou plus on doit travailler, et plus il faut de nourriture pour y trouver l'énergie nécessaire. Mais on ne peut pas dépasser néanmoins un certain maximum d'activité, même en mangeant plus ; il y a une limite à la digestion qui limite la force dont on dispose.

Les physiologistes ont pris l'habitude de calculer l'éne gie disponible dans les aliments ou dépensée pendant le travail en unités de chaleur ou « calories ». Ils n'ont fait ainsi que suivre les physiciens qui étudiaient les machines à vapeur, dont les recherches les ont guidés dans le difficile problème de l'énergétique humaine.

La calorie est la quantité de chaleur nécessaire pour élever de 1 degré un kilogramme d'eau ; elle équivaut à un travail de 425 kilogrammètres (soulèvement à 1 mètre d'un poids de 425 kilogr.)

Besoins d'énergie de l'homme.

La détermination en calories des besoins d'énergie de l'homme a été faite par de nombreuses méthodes qui toutes donnent des résultats concordants.

Un adulte au repos complet, ayant terminé sa digestion, dans un milieu de température élevée, soit un lit, soit un bain à 35°, dont le seul travail est celui du cœur, des mouvements respiratoires et de quelques contractions musculaires, dépense 1,500 à 1,600 calories par jour, un peu plus d'une calorie par minute, ou encore une calorie par heure et par kilogramme de poids. On la désigne sous le nom de dépense de base. Elle baisse un peu quand le sujet est gros, augmente un peu avec la taille et la surface ; elle ne varie pas avec le sexe. Seul l'âge a une influence marquée, comme le montre le tableau suivant, qui donne la dépense de base aux différents âges par rapport à celle de l'adulte considérée comme égale à 100.

Enfant de 2 ans 1/2 285
   —   6 ans 269
   —   9 ans 199
Adolescent de 14 ans 152
   —   15 ans 110
Adulte 100
Vieillard de 71 ans 75

Dans les conditions d'une vie de repos dans une chambre à 20°, il faut ajouter à la dépense de base la chaleur latente due à l'évaporation d'un peu plus d'un litre d'eau par la peau et les poumons, soit environ 600 calories et la dépense du travail digestif, 200 calories; on arrive ainsi à un besoin journalier de 2,400 à 2,500 calories.

Quand la température s'abaisse, les besoins augmentent. Tout d'abord, l'air inspiré, les aliments et les boissons ont besoin d'être plus échauffés pour se mettre à la température du corps ; puis l'organisme doit lutter contre le rayonnement plus intense qui tend à le mettre en équilibre avec la température extérieure. Contre ce refroidissement, l'homme lutte par le port des vêtements plus épais qui conservent autour de son corps une atmosphère moins froide que le milieu ambiant ; puis il possède plusieurs moyens de défense physiologique, tels que la couche de graisse située sous la peau qui forme un vêtement naturel supplémentaire, la vaso-constriction des vaisseaux périphériques qui ralentit la circulation sous la peau, les mouvements musculaires et le frisson qui produisent un travail inutile pour dégager de la chaleur. La lutte contre le refroidissement est d'autant plus difficile que l'organisme est plus petit et que, par conséquent, sa surface est plus grande par rapport à son volume. La dépense d'énergie en fonction de l'abaissement de température n'est pas exactement connue ; peu sensible jusque vers 15°, elle augmente rapidement à mesure que la température baisse ; elle est accrue par le vent. On a calculé qu'un homme perd par heure dans un courant d'air de 3 m. 05 par seconde: 112 calories à 20° et 313 à 4°; à la même température, le même homme vêtu n'en perd que 170.

Le travail musculaire, le seul qui dépense une quantité appréciable d'énergie, ajoute à ces besoins un nombre de calories variable avec son intensité et sa durée. Si l'être vivant était un tranformateur d'énergie parfait, il n'y aurait qu'à mesurer la grandeur de son travail en kilogrammètres ; mais quand on mesure le travail effectué pendant un exercice physique, marche, course, soulèvement de poids, etc., et qu'on détermine la dépense correspondante, on trouve des rapports très variables avec le degré d'entraînement du sujet. De l'énergie dépensée, on ne retrouve jamais plus du tiers sous forme de travail, le reste étant dissipé sous forme de chaleur. La dépense d'énergie due au travail est considérable ; à celle transformée en mouvement et à celle plus grande perdue en chaleur, s'ajoute l'accélération de la circulation et de la respiration.

On a calculé que la dépense de base étant d'un peu plus d'une calorie par minute, il s'y ajoute pour :

	PAR HEURE
Une marche de 3,600 mètres en terrain horizontal..	144 calories
Une marche de 4,800 mètres en terrain horizontal avec 25 kilogrammes de charge...	285 —
L'ascension de 300 mètres sur une pente de 30 p. 100...........................	147 —
Une course à bicyclette de 15 kilomètres en terrain plat.................................	313 —
La même, avec vent contraire de 10 mètres par seconde.............................	601 —

Si un travail pénible était poursuivi sans arrêt, la digestion n'y pourrait suffire. On a constaté chez un sujet pédalant 16 heures sur une bicyclette une dépense en un jour de 9,314 calories ; l'apport digestif ne pouvant dépasser 5,000 ou 6,000 calories au maximum, un tel sujet devait avoir fortement entamé ses réserves.

On voit l'intérêt de pareilles données pour la détermination des besoins des soldats en période d'exercice.

L'entraînement améliore le rendement du moteur humain en augmentant la portion de l'énergie transformée en travail, la fatigue le diminue.

Sources d'énergie.

Toute l'énergie dont le corps a besoin pour son entretien, le maintien de sa température et son travail, il la demande aux aliments ; ils constituent son unique ressource.

On a établi des tables indiquant pour chacun d'eux la composition et la valeur énergétique ; on y trouve la teneur pour cent en eau, hydrates de carbone, graisses, matières azotées et l'indication de leur valeur énergétique en calories.

Connaissant la composition de l'un d'eux, on peut d'ailleurs calculer directement sa valeur énergétique en se rappelant qu'un gramme d'hydrates de carbone fournit à l'organisme 4,1 calories, un gramme de graisse 9,4 calories, un gramme de matières azotées 4,4 calories.

Ainsi, un homme dont la ration alimentaire comporterait,

d'après les analyses, 100 grammes d'albumine, 100 grammes de graisse et 500 grammes d'hydrates de carbone disposerait de

$$4,4 \text{ Calories} \times 100 = \dots\dots\dots \quad 440 \text{ calories.}$$
$$9,4 \text{ Calories} \times 100 = \dots\dots\dots \quad 940 \quad —$$
$$4,1 \text{ Calories} \times 500 = \dots\dots\dots \quad 2,050 \quad —$$

$$\text{TOTAL}\dots\dots \quad 3,430 \text{ calories.}$$

Inversement, connaissant la dépense, on peut composer une ration alimentaire équivalente.

Dans la réalité, il faut, avant d'effectuer ces calculs, tenir compte des déchets : os de la viande, arêtes et tête des poissons, coquilles des œufs, fanes, cosses et épluchures des légumes, noyaux des fruits, etc., qui font que le poids acheté est souvent beaucoup plus considérable que celui mangé, et aussi du fait que la totalité des aliments ingérés n'est pas assimilée, si bien que la ration en calories brutes doit être en moyenne de 10 p. 100 supérieure à celle en calories nettes.

Voici un exemple de ces calculs. Supposons qu'on achète 1 kilogramme de pommes de terre. L'épluchage en enlève environ 20 p. 100. On ne cuit donc que 800 grammes. La partie qu'on cuit renferme d'après l'analyse 626 grammes d'eau, 18 grammes de matières azotées, 4 grammes de graisses, 147 grammes d'hydrates de carbone, 8 grammes de sels. Elle fournira en calories brutes :

$$\text{Matières azotées}\dots\dots \quad 4,4 \times 18 = \quad 79,2 \text{ calories.}$$
$$\text{Graisses}\dots\dots\dots \quad 9,4 \times 4 = \quad 37,6 \quad —$$
$$\text{Hydrates de carbonne}: 4,1 \times 147 = \quad 602,7 \quad —$$

$$\text{TOTAL}\dots\dots \quad 719,5 \text{ calories.}$$

dont 10 p. 100 ne seront pas assimilés. Le kilogramme de pommes de terre fournira donc finalement 647 calories à l'organisme.

Sources d'énergie du travail musculaire.

Nous avons vu, quand nous avons considéré les aliments au point de vue matière, qu'on a fixé pratiquement le besoin minimum de matières azotées à 75 grammes par jour et celui de graisse à une valeur égale. Si la ration ne contient que ces minima, elle fournira seulement 1,035 calories, insuffisantes même pour la dépense de base. A quelle sorte d'aliments faut-il demander le supplément d'énergie nécessaire ? La partie de la ration destinée à fournir le travail peut-elle être composée indistinctement de n'importe quel aliment organique, en tenant compte seulement de sa valeur calorifique ? Peut-on largement substituer une catégorie d'aliments à une autre ?

D'après toute une série d'expériences, le travail musculaire peut être entretenu par n'importe laquelle des trois catégories d'aliments organiques, en tenant compte de leurs valeurs calorifiques inégales : 100 grammes de graisses peuvent être remplacés par 214 grammes de matières azotées ou par 220 grammes d'hydrates de carbone : c'est ce qu'on appelle la théorie de l'isodynamie. Mais en se plaçant dans des conditions variées, on constate que cela n'est toujours vrai que pour les hydrates de carbone et les graisses ; pour les matières azotées, l'isodynamie n'est exacte qu'aux températures basses ; elle n'est plus vraie quand l'organisme n'a plus à lutter contre le froid, si bien que l'augmentation de la proportion de nourriture carnée en remplacement d'aliments ternaires est utilisable aux températures basses, mais n'est pas avantageuse dans les climats chauds.

Comme l'assimilation des matières azotées est plus complexe et produit plus de déchets que celle des matières ternaires, comme les graisses sont moins aisément digestibles que les hydrates de carbone, comme ces derniers sont économiquemement les moins coûteux, tout milite en faveur d'une large part faite à ceux-ci dans la ration.

Ration alimentaire.

D'après ce que nous venons de voir, la ration alimentaire journalière de l'homme doit comprendre :

Environ un litre d'eau de boisson, plus ou moins selon la température extérieure et le travail qui règlent la transpiration et l'évaporation ; 8 à 10 grammes de chlorure de sodium ;

Au moins 75 grammes de matières azotées et 75 grammes de graisses, non entièrement stérilisées, pour y conserver les vitamines indispensables ;

Une quantité d'hydrates de carbone suffisante pour parfaire le besoin d'énergie, variable selon la température extérieure et le travail.

A titre d'exemple, nous citerons les rations établies pour

l'armée française pendant la guerre, qui se sont montrées suffisantes pour satisfaire à un effort prolongé.

DÉSIGNATION.	QUAN-TITÉS.	MATIÈRES azotées.	GRAISSES.	HYDRATES de carbone.	CALORIES brutes.
	gr.	gr.	gr.	gr.	
RATION FORTE.					
Pain biscuité..........	700	45	10	365	1,788
Viande fraîche.......,	450	65	65	»	807
Légumes secs ou denrées de substitution.	100	14	1	64	333
Sel..............	21	»	»	»	»
Sucre.............	48	»	»	48	197
Café..............	36	1	»	4	21
Lard..............	30	4	24	»	243
Vin..............	500	»	»	(35)	245
Eau-de-vie..........	62,5	»	»	(30)	210
TOTAL.........	»	129	100	481	3,934
RATION NORMALE.					
Pain biscuité..........	700	45	10	365	1,788
Viande fraîche.......,	400	58	58	»	800
Légumes secs ou denrées de substitution.	60	8	1	88	201
Sel..............	20	»	»	»	»
Sucre.............	32	»	»	32	131
Café..............	24	1	»	3	16
Lard..............	30	4	24	»	243
Vin..............	500	»	»	(35)	245
Eau-de-vie..........	62,5	»	»	(30)	210
TOTAL.........	»	116	93	438	3,634

En supposant que toute la ration accordée fût bien distribuée et utilisée, on voit que les soldats recevaient plus que le minimum de matières azotées et de graisses et un nombre de calories suffisant pour un travail intense. La ration était bien composée et équilibrée.

Remarques au sujet des aliments de la ration précédente.

Les données générales qui précédent suffisent pour établir la ration alimentaire des hommes selon le travail qu'ils fournissent. Toutefois il n'est pas inutile de signaler les principales modifications qu'on peut avantageusement apporter en temps de paix au type de ration précédent.

Pain. — Il est la base de l'alimentation en campagne à laquelle il fournit près de la moitié de l'énergie. L'importance qu'on lui donne dans la ration tient à ce qu'il est le seul aliment qui puisse aisément et sans précautions spéciales se conserver et se transporter une fois cuit et qu'il peut être mangé directement, n'importe quand, sans nouvelle préparation culinaire. D'ailleurs il forme aussi une part importante de la nourriture de la nation s'alimentant librement.

En temps de paix et dans un régime d'entraînement, on pourra en diminuer légèrement la quantité et y substituer des légumes.

Viande. — La ration du soldat en guerre a été fixée à 450 grammes au maximum. Dans aucun cas, il n'y a lieu de dépasser ce chiffre, et même il y a le plus souvent avantage à se maintenir au-dessous, quand on est sûr que toute la quantité fournie est bien utilisée.

On variera les modes de préparation, en se rappelant que la viande grillée ou rôtie est plus sapide et se digère mieux que la viande bouillie. Le bouillon n'a de valeur nutritive que par les légumes ou le pain qu'on y ajoute; seul, il n'a qu'une très faible valeur nutritive et ne peut être considéré que comme une boisson tonique. Le poisson frais peut remplacer la viande; il est ausi nourrissant.

Légumes. — La ration ci-dessus est peu riche en légumes (haricots, riz, pommes de terre, pâtes, etc.). Il sera bon d'en varier l'espèce et d'y ajouter de temps à autre des végétaux frais, riches en cellulose (salades), pour éviter la constipation. En effet, dans la ration que nous commentons, les légumes fournissent la majeure partie des déchets volumineux nécessaires au bon fonctionnement mécanique de l'intestin.

Sucre. — La ration de sucre a été augmentée depuis la guerre; elle peut être portée bien au delà de 48 grammes pendant les périodes de travail intensif et aller jusqu'à 70 ou 100 grammes par jour sans inconvénient. Mangé pendant le travail, le sucre fournit rapidement et sans déchets l'énergie nécessaire à l'effort musculaire.

Café. — Le café n'a guère de valeur calorifique, sinon par le sucre qu'on ajoute à son infusion. Mais il contient de la caféine qui, à dose modérée, stimule et tonifie le cœur, augmente la pression artérielle par constriction des vaisseaux périphériques, diminue la gêne et l'essoufflement qui suivent un travail trop intense ou trop rapide. A forte dose, le café déprime le système nerveux, augmente l'excitabilité musculaire et fait disparaître en partie la sensation de fatigue.

Dans l'armée, le café est habituellement donné au réveil; il vaudrait mieux composer le premier repas d'une manière plus substantielle et réserver le café pour des exercices. On substitue parfois au café le *thé* dont l'action est différente ; il active l'élimination urinaire, excite la fonction digestive et rend plus facile le travail musculaire en accélérant la circulation. De valeur nutritive à peu près nulle, il peut, comme le café, servir de boisson chaude et de solvant pour le sucre qu'on introduit dans la ration.

La ration ne prévoit pas le *chocolat*. C'est cependant un exellent aliment qui apporte à l'organisme à peu près moitié de son poids de sucre et de cacao riche en graisses (25 p. 100 du chocolat) et de la théobromine, d'action semblable à la caféine. Il peut donc être avantageusement consommé pendant les périodes de fort travail musculaire, pour son action énergétique et tonique nerveuse.

On a parfois recommandé aux athlètes les noix de kola fraîches, ou les préparations sucrées à base de kola ; elles agissent par la caféine qu'elles contiennent, comme le café.

Lard. — La ration comporte comme unique matière grasse en nature du lard. On peut le remplacer à volonté par toutes huiles ou graisses, végétales ou animales, qui sont également digestibles. Il peut y avoir intérêt à varier ces matières grasses dont le coefficient d'utilisation individuelle est assez variable.

Vin. — Avant la guerre, le vin n'était pas normalement compris dans la ration et n'était fourni qu'exceptionnellement au compte des ordinaires. Pendant la guerre, on l'y a introduit et l'on a facilité sa consommation de toutes manières, pour répondre au goût d'une partie des soldats plus que pour ses avantages, puisqu'il représente un aliment encombrant, d'un fort volume pour une faible valeur énergétique. Il doit celle-ci à l'alcool qu'il contient (7 à 10 p. 100) dont chaque gramme fournit à l'organisme 7 calories.

Dans le cas d'un fort exercice, il peut être introduit dans la ration à petites doses, sans dépasser 1 gramme d'alcool par kilogramme de poids corporel et par jour. Il a alors l'effet d'être rapidement assimilé et de donner le coup de fouet suffisant pour un effort immédiat. A plus fortes doses, il provoque ensuite la dépression, puis l'ivresse. Absorbé régulièrement à fortes doses, il conduit à l'alcoolisme.

On a beaucoup discuté de sa valeur ; il faut s'en tenir à un juste milieu et ne l'accorder que dans les périodes de travail, sans dépasser les limites que nous venons d'indiquer.

Eau-de-vie. — Introduite dans la ration du soldat en guerre, elle doit être proscrite à tous les points de vue. L'alcool qu'elle renferme y est à un degré trop concentré (50 p. 100), alors qu'on ne doit dépasser dans aucune boisson une richesse de 10 p. 100 ; les essences qui lui donnent sa saveur et son parfum sont toxiques. Trop d'hommes ont tendance à s'y habituer et à en boire des quantités croissantes.

Son ingestion provoque, après une période d'excitation agréable donnant la sensation de vigueur et de bien-être, une phase de fatigue qui diminue le travail musculaire et le rend moins précis et coordonné.

Exceptionnellement, l'alcool peut être donné dilué sous forme de grog chaud sucré.

Inutile d'ajouter que pour la préparation des repas, il faut exclusivement choisir des aliments frais et sains, les traiter avec une grande propreté, les présenter d'une manière appétissante.

CHAPITRE IV.

PHYSIOLOGIE DE LA FATIGUE.
INFLUENCE DE LA FATIGUE
SUR L'APPARITION DES MALADIES.

I.

Ce qu'on entend par fatigue. — Répercussion de la fatigue sur l'ensemble des organes. — Rôle du système nerveux. — Vulnérabilité des individus à la fatigue.

La définition de la fatigue donnée par F. LAGRANGE est très concise et très compréhensive; pour cet auteur, la fatigue est «une diminution du pouvoir fonctionnel des organes, provoquée par un excès de travail, et accompagnée d'une sensation caractéristique de malaise».

Les premiers mots de cette définition attirent l'attention sur une des particularités les plus saillantes de la fatigue qui mérite d'autant plus d'être signalée qu'elle échappe aux esprits non avertis : c'est la faculté de généralisation de la fatigue à tout l'ensemble de l'organisme. Un groupe musculaire a-t-il été soumis à un travail trop intensif, un cerveau est-il malmené par des études trop prolongées ou trop absorbantes, un viscère quelconque est-il exposé à un fonctionnement excessif, les autres appareils de la machine humaine en éprouvent une répercussion.

Il semble que, dans le cas particulier tout au moins, la «sympathie» des organes les uns pour les autres soit poussée à une sensibilité exquise; aucun d'eux ne veut ignorer le mal qui arrive à l'un quelconque d'entre eux. Ce fait a une grande importance pour le médecin, qui doit être en garde à l'égard de tout symptôme imputable à un organe indirectement influencé et ne pas méconnaître l'avertissement qui en résulte.

Qu'elle soit due à un travail exagéré des muscles, à des occupations intellectuelles, au surmenage d'un viscère, à des douleurs physiques ou morales, ou enfin à des émotions intensives, la fatigue aboutit toujours à l'épuisement de la résistance du système nerveux : l'axe cérébro-spinal éprouve, comme les autres organes, les influences nocives de toute [illegible] d'activité quelle qu'elle soit et, de plus, il agit spécifiquement, pour son propre compte, par les sensations qu'il traduit : en dernière analyse, il est l'aboutissant de la fatigue.

Si le mécanisme producteur et traducteur de la fatigue est le même chez tous les individus, il ne s'ensuit pas que ceux-ci éprouvent, dans une égale mesure, les effets d'un excès de travail. La *vulnérabilité* à la fatigue est fonction de facteurs divers et très variés, dont les combinaisons produisent des états de réaction différents. Le médecin doit s'appliquer à apprécier la vulnérabilité de chaque sujet pour pouvoir donner des indications utiles en vue du choix et du dosage des exercices à lui prescrire. La constitution, la morphologie des individus sont déjà une base d'orientation vers certains exercices où il réussiront mieux, avec moins de fatigue ; l'âge et le sexe entrent également en ligne de compte. L'enfant supporte bien les jeux d'une vitesse mesurée à condition qu'ils soient fréquemment coupés de temps de repos ; il faut lui imposer peu et le laisser souvent juge, [illegible] quitte à intervenir pour réprimer l'excès. En les maintenant dans la mesure voulue, les exercices de vitesse sont l'apanage de l'adolescence. Les hommes de vingt-cinq ans s'accordent très volontiers des exercices de force ; puis, lorsque vient l'âge du déclin, c'est aux exercices de gymnastique analytique segmentaire (BOIGEY), aux exercices d'endurance modérés (marche, par exemple) que l'homme se soumet en les dosant selon son âge et selon l'état de conservation de ses organes (reins, vaisseaux, cœur). Chez la femme, il convient d'être très prudent au moment de l'établissement de la puberté ; les jeunes filles de onze à treize ans sont moins résistantes, toutes choses égales d'ailleurs, que les garçons du même âge, et ceux-ci deviennent à leur tour relativement plus délicats à diriger entre quatorze ans et seize ans, époque de la puberté masculine. A ces considérations [illegible] général faciles à apprécier, il s'en ajoute d'autres qui [illegible] [illegible] mettre en œuvre toute la sagacité de l'observateur. Chaque sujet est doué d'un certain degré de sensibilité [illegible] volonté qui lui est propre. Un même homme peut [illegible] une sensibilité marquée et une force de volonté [illegible] une sensibilité très peu développée et [illegible] de volonté ; ce sont ces derniers surtout qu'il [illegible] car *ils ne sentent pas la fatigue*. Ils font [illegible] les athlètes dont les muscles, par répétition des [illegible] sont comme anesthésiés à la sensation de fatigue, et [illegible] volonté se sera admirablement accrue par [illegible] concours. De tels hommes peuvent [illegible] presque sans s'en apercevoir ; le médecin doit [illegible] doit savoir aussi que c'est chez eux que l'on [illegible] parfois l'écroulement subit des forces par l'addition d'un effort même très bref surajouté à une dose d'efforts qui aurait été bien supportée sans cela : on a vu la tension extrême, développée sous l'influence d'une trop généreuse énergie dans les cent derniers mètres d'une course, arrêter à jamais la carrière athlétique de sujets jusque là en excellente santé.

II.

La fatigue d'origine musculaire intéresse plus particulièrement l'instructeur militaire. — Expériences fondamentales de laboratoire. — Leur interprétation.

La fatigue à point de départ cérébral est surtout du ressort du pédagogue, la fatigue des organes surmenés par des excès de toute nature ou d'autres causes relève du clinicien ; la fatigue d'origine musculaire est celle qui intéresse plus spécialement l'instructeur militaire chargé de l'éducation physique et le médecin qui doit la surveiller ; c'est en effet au système locomoteur qu'il est fait appel au fond, dans cette partie de l'instruction des soldats ; il est par suite nécessaire qu'instructeurs et médecins connaissent bien le mécanisme de production de la fatigue musculaire et les conséquences de cette dernière.

Si, par le moyen d'excitations électriques de valeur constante, on provoque les contractions d'un muscle, celles-ci diminueront peu à peu de grandeur jusqu'à ne plus se produire du tout. Si, au moment où les contractions diminuent d'amplitude, on vient à augmenter la valeur de l'excitation électrique, les contractions reprennent pour un temps leur valeur primitive ; enfin, il arrive un moment où il est impossible de provoquer un mouvement quelconque du muscle, quelle que soit l'intensité de l'excitation électrique employée.

De l'expérience de laboratoire, transportons-nous sur le terrain du fait physiologique normal : un homme provoque par sa volonté la contraction d'un muscle ou d'un groupe de muscles, en un mot il exécute un mouvement, il répète ce mouvement. Peu à peu il y éprouve de la difficulté et pour l'exécuter avec la même amplitude qu'au début, l'effort de la volonté doit s'accroître ; enfin, après un certain nombre de mouvements variable avec chaque sujet et quelle que soit la force de volonté développée, le muscle reste [...]

Aussi bien dans l'expérience de laboratoire que dans la réalité, les mêmes facteurs d'action sont entrés en jeu. Lorsque la fatigue atteint le muscle dans la réalité comme dans l'expérience, l'organe de commandement, représenté dans l'expérience par le courant électrique excitateur et dans la réalité par la volonté, qui prend source dans le cerveau, lutte vainement avec la difficulté de continuer le mouvement du [...]

la même amplitude, elle atteint son maximum *local* lorsqu'il est impossible au sujet de contracter le muscle. Pour chaque individu, l'entraînement bien dirigé retardera peu à peu l'apparition de la fatigue dans ses deux expressions : difficulté et possibilité d'action ; et pour chaque sujet il est une limite qui ne pourra être dépassée.

III.

Mécanisme physiologique de la fatigue. — Causes du sentiment de fatigue.

Expérimentalement, le muscle « cesse de se contracter lorsque sa provision en combustible, c'est-à-dire en glycogène, est épuisée » (BOIGEY). Dans les conditions normales de la vie, la fatigue se manifeste avant cet épuisement et la sensation qu'elle provoque apparaît comme un avis donné par la nature. Les produits de désassimilation, les déchets accumulés dans le muscle par le travail sont balayés par le courant sanguin pour être éliminés ensuite par les organes excréteurs, tandis que le sang apporte du même coup l'aliment nécessaire à la fibre musculaire ; et le muscle, un moment incapable, retrouve sa possibilité de fonction. Mais si le travail est excessif, ce double phénomène de nettoyage et de réapprovisionnement n'a plus le temps de se faire ; des substances acides (acide lactique) se produisent dans les muscles ; la créatine y augmente, puis se transforme en créatinine, etc. Les substances réellement toxiques prennent naissance lorsque le muscle surmené en arrive à utiliser des albuminoïdes : il apparaîtrait alors dans l'organisme une toxine de la fatigue (WEICHHARDT) à laquelle s'opposeraient les effets d'une antitoxine. La sensation de fatigue serait due à l'impression produite sur le cerveau par les nerfs sensitifs répondant à la fois et à l'action chimique des substances ponogènes sur les terminaisons nerveuses incluses dans les muscles, et aux multiples petits traumatismes provoqués dans les muscles mêmes, ainsi que dans les articulations, par la répétition et quelquefois la violence des mouvements.

IV.

Effets de la fatigue sur les produits des secrétions sudorale et urinaire, sur le fonctionnement du cœur et du poumon, sur le tube digestif. Rôle des glandes surrénales.

Sous l'influence de la fatigue, la toxicité de la sueur augmente ; il en est de même pour l'urine, qui prend une couleur foncée. L'urée, l'acide urique, l'azote total, les phosphates, les sulfates, l'urobiline augmentent sensiblement; l'albumine peut apparaître.

Le système cardio-pulmonaire se ressent très rapidement des effets de la fatigue : l'excès d'acide carbonique à éliminer entraîne, *ipso facto*, une suractivité de la fonction respiratoire. Le poumon s'efforce de présenter à l'action de l'oxygène de l'air la plus grande quantité possible de sang, et dans le plus bref délai : pour cela il précipite ses mouvements, la *dyspnée* se produit. Dans le même temps le cœur est soumis à une augmentation de travail pour faire face à trois besoins simultanés : alimenter au maximum le poumon, irriguer le plus largement possible l'appareil musculaire pour le nettoyer et lui apporter l'aliment nécessaire à son activité, irriguer largement les organes d'excrétion en hyperproduction. Ajoutons que le muscle cardiaque imprégné d'un sang contenant des substances extractives fatigantes provenant des muscles en action, se voit ainsi condamné à un surcroît d'efforts alors qu'il est placé dans des conditions inférieures de travail; comme le poumon, le cœur précipite à l'excès ses mouvements, le temps de repos devient insuffisant entre les systoles : c'est la *tachycardie*.

L'appareil digestif subit lui aussi les atteintes des substances ponogènes qui semblent posséder une action laxative. «Mal protégé par le foie, a écrit F. Lagrange, il est le siège de fermentations anormales et exagérées.»

La glande surrénale exerce des fonctions antitoxiques, tout particulièrement à l'égard des substances ponogènes. Mais cette lutte de la part de la glande ne saurait se maintenir à un taux et durant un temps excessifs sans préjudice pour l'organe producteur du contre-poison; et il est possible de voir apparaître après de grandes fatigues des troubles imputables à l'insuffisance surrénale.

V.

Clinique de la fatigue. — Fatigue normale et morbide. — Fatigue aiguë. — Fatigue suraiguë. — Fatigue chronique.

La fatigue engendre des troubles objectifs et subjectifs dont l'histoire constitue ce qu'on peut appeler, en langage médical, l'étude clinique du *fatigué*.

Il ne sera question ici que de la fatigue exagérée, anormale, par suite morbide, et non de la fatigue normale; celle-ci se traduit, à la suite d'un exercice bien dosé, par un sentiment qui envahit tout l'organisme et qui invite *agréablement* le sujet au sommeil. La fatigue morbide est à la fatigue normale ce que les souffrances de l'inanition sont à la sensation de l'appétit.

A considérer les choses du point de vue clinique, en matière de fatigue morbide, on serait tenté de dire *les fatigues,*

plutôt que la *fatigue*. C'est qu'en effet les manifestations pathologiques de la fatigue revêtent des aspects tout différents
selon que l'on envisage d'une part les fatigues aiguë et suraiguë, ou de l'autre la fatigue chronique; les symptômes des
unes et de l'autre sont aussi dissemblables que ceux d'une
pneumonie franche et d'une tuberculose débutante à évolution torpide, par exemple.

La fatigue aiguë se présente à l'observation du clinicien
sous forme de courbature simple localisée, ou sous forme de
courbature fébrile. La première se caractérise par une sensation de tension, de plénitude douloureuse et de raideur
d'un groupe musculaire. Elle se produit chez l'homme qui,
pour la première fois, se livre à un exercice nécessitant des
mouvements identiques et répétés, elle se rencontrera également chez les sujets anciennement accoutumés à un exercice
de cette nature, et qui, après une interruption assez prolongée, le reprennent avec quelque intensité; dans ce dernier
cas la courbature musculaire sera de moins longue durée
que dans le premier. La courbature localisée disparaît en deux
ou trois jours en général; il est à noter qu'elle ne fait pas
sentir ses effets douloureux pendant la durée de l'exercice,
ni immédiatement après cessation, mais seulement quelques
heures et quelquefois un ou deux jours plus tard. Il en est
d'ailleurs de même pour la forme dont nous abordons l'étude
maintenant.

La courbature fébrile revêt, dans son début, les apparences
d'une infection: et à tout prendre n'est-elle pas une sorte
d'infection? — Le sujet est pris de frissons, de céphalée, de
transpiration, sa température s'élève à 38, 39 degrés et plus.
L'inappétence avec quelquefois des vomissements et de la
diarrhée, la langue saburrale, une soif ardente, une asthénie
marquée jointe à un endolorissement général des muscles et
des articulations, la coloration foncée des urines diminuées
de volume; viennent compléter le tableau clinique de cette
courte maladie qui guérit en trois, quatre jours ou un peu
plus, et se juge souvent par une crise urinaire terminale.

La fatigue suraiguë donne lieu à des symptômes analogues,
mais plus intenses et *surtout plus prolongés* : on se trouve
alors en présence d'une grave auto-intoxication : c'est la
fièvre de surmenage qui peut prendre l'allure typhoïde, et
entraîner la mort. Elle s'observera, par exemple, chez des
hommes soumis pendant plusieurs jours à des marches
forcées; elle surviendra également chez des sujets suren-
traînés et qui ont fourni un effort suprême dans un match.

Sous la rubrique de la fatigue suraiguë peuvent également
se ranger les cas d'asphyxie et de syncope cardiaque provoqués
par des efforts considérables donnés principalement dans les
concours de vitesse.

Dans l'ordre chronique, nous examinerons tout d'abord
certains effets de la fatigue localisés au cœur et au poumon.
A la suite d'efforts excessifs et trop fréquents, le cœur peut se

chaleur); il diminue sa force contre les conséquences possibles des intempéries (pluie, neige, etc.).

En somme, il est possible de dire que la fatigue aggrave les maladies déjà existantes et favorise l'apparition des autres. Cet axiome, vrai pour les maladies en général, prend toute son évidence en matière de maladie infectieuses.

Chez les enfants et les adolescents le surmenage favorise l'apparition de l'ostéomyélite aiguë.

«La myosite infectieuse ne se développe, suivant Brunon, que chez les sujets prédisposés par le surmenage physique. L'infection purulente médicale (pyohémie) survient souvent à la suite de fatigues exagérées (Jaccoud). D'après Peter, la plupart des endocardites infectieuses sont dues aux surmenage» (Ioteyko).

La dysenterie exagère ses atteintes en nombre et en gravité sur les troupes fatiguées, en particulier lorsqu'elles opèrent sous un climat déprimant. Il en peut être de même pour le paludisme.

Parmi les pyrexies les plus profondément influencées par la fatigue, il faut donner la première place aux fièvres typhoïdes et paratyphoïdes.

«De toutes les causes favorisantes qui prédisposent le plus à l'infection tyhpoïdique, il n'en est pas de plus importante ni de plus puissante que la fatigue et le surmenage» (H. Vincent et L. Muratet).

Enfin le surmenage fait le lit de la tuberculose.

Tout ceci résulte de l'observation courante des faits cliniques et épidémiologiques, mais ce que nous savons de l'action de la fatigue sur les maladies infectieuses par l'histoire même de ces affections est corroboré par les expériences du laboratoire. Charrin et Roger ont démontré en effet que le cobaye fatigué devient beaucoup plus sensible aux effets de la bactéridie charbonneuse qu'à l'état normal; H. Vincent est arrivé aux mêmes conclusions en ce qui concerne le tétanos.

Les faits ainsi établis, il fallait en rechercher la cause essentielle, le mécanisme intime: ce fut l'objet de recherches de la part de H. Vincent, qui, en expérimentant sur des cobayes, a découvert que, par la fatigue, le pouvoir alexique de leur sérum diminue considérablement, rendant ainsi plus sensible l'organisme aux attaques microbiennes.

VII.

Les prédisposés à la fatigue. — Tests de fatigue.

Pour parer aux effets de la fatigue, le médecin doit d'abord savoir chez quels sujets il doit redouter de la voir se développer de préférence; nous sommes ainsi amenés à examiner quelles sont les tares qui font plus particulièrement d'un sujet un prédisposé à la fatigue.

Que faut-il surtout pour résister à la fatigue? Un cœur indemne, des poumons souples, des organes excréteurs actifs, une capacité d'assimilation suffisante, un système nerveux solide. Tout sujet qui ne présente pas ces conditions doit être l'objet d'une surveillance très stricte : neuro-arthritisme, albuminuries même passagères ou facilement provoquées par l'exercice, insuffisance hépatique, adhérences pleurales, obésité, maigreur, dyspepsies diverses, hystérie diminuant la sensation défensive de la fatigue, neurasthénie, adénoïdisme, insuffisance surrénale, etc., tels sont, pour n'en citer que quelques-uns, les états déficients qui devront mettre le médecin en éveil.

Prévoir l'éventualité de la fatigue facile chez les sujets prédisposés est un fait gros de conséquences, puisque cette précaution permet d'éviter l'excès des efforts et peut même guider dans le choix de mouvements thérapeutiques, mais il est utile aussi de savoir déceler la fatigue chez les sujets normaux soumis aux exercices (1) : ceci nous amène à l'étude des « tests » de fatigue.

Parmi les tests proposés par les divers auteurs, il en est que l'on peut réunir sous la domination générique de psycho-physiologiques : ce sont, par exemple, les variations constatées à l'aide de l'esthésiomètre, les retards observés dans le temps de réaction nerveuse, l'appréciation de la résistance extérieure, les erreurs relevées dans l'étude de la position des membres par le procédé de Boigey (membre placé dans une position déterminée, sur un cadran, déplacé, puis replacé au commandement, les yeux bandés), etc. Tous ces moyens d'investigation peuvent donner des indications à l'observateur, mais, dans leur mise en pratique, il faudra toujours tenir compte de certains facteurs variables avec chaque sujet, et, entre autres, du degré d'intelligence, d'attention et d'émotivité propre à l'individu observé.

L'ergogramme d'un sujet à l'état de fatigue est en général moins haut et moins long que l'ergogramme du même sujet à l'état de repos.

L'étude des réflexes tendineux et cutanés mettra surtout sur la voie des troubles naissants des nerfs sensitifs et de la moelle épinière.

L'étude de la pression sanguine qui a révélé à Weber une élévation après un travail modéré et une chute après un travail forcé est à prendre en considération : toutefois il serait utile, pour tirer de ces faits des déductions précises, que la relation entre le degré d'augmentation et de diminution de la pression d'une part et le degré de fatigue de l'autre soit établie. Pour J. Amar, une pression égale à 33 indique des conditions excessives de travail.

---

(1) Nous avons passé rapidement en revue au chapitre Iᵉʳ les conditions inhérentes à l'âge et au sexe, nous n'y reviendrons pas ici.

On a cherché des signes extérieurs de fatigue dans l'examen du pouls. Le lieutenant-colonel GRADE, de l'armée belge, estime que la fréquence du pouls est le meilleur indice pour déterminer les limites au delà desquelles un exercice devient nuisible ou dangereux pour un sujet. BOUCHARD donne 160 comme limite extrême admissible de l'accélération du pouls au cours d'un exercice violent : ne point perdre de vue toutefois dans l'examen du pouls que l'accélération sous l'influence de l'exercice est normalement beaucoup plus marquée chez les enfants et les sujets jeunes que chez les plus vieux.

Le pouls capillaire, reconnu par A. BINET et J. COURTIER comme sthénique (fort et énergique) après un exercice modéré, leur est apparu asthénique (faible et lent) après une fatigue ; ce serait là un réactif délicat, mais l'observation en est assez difficile.

RYAN, à l'aide d'un instrument ingénieux, provoque à la face antérieure de l'avant-bras une trace sur la peau : la durée de cette trace blanche est diminuée par la fatigue.

L'acidité de l'urine due à la présence de l'acide lactique après de violents exercices a fait l'objet des recherches de RYFFEL, HASTINGS, etc., mais il ne faut pas négliger dans l'interprétation des résultats les conséquences possibles du régime alimentaire du sujet et de ses variations : l'alimentation carnée augmente l'acidité, l'alimentation végétale la diminue. Sans aller si loin dans l'examen chimique des urines, l'analyse courante pourra donner de précieuses indications ; celles-ci se déduisent de ce qui a été dit plus haut de l'action de la fatigue sur la sécrétion rénale.

De ce qui précède, il résulte que le médecin dispose d'un assez grand nombre de moyens physiques ou chimiques de constater la fatigue ; mais aucun de ces moyens n'apparaît à lui seul comme suffisant d'une manière absolue, et c'est de l'ensemble des faits observés qu'il conviendra de tirer des conclusions.

Enfin le médecin n'oubliera pas que si l'instrumentation lui est utile dans le cas particulier, il doit aussi faire usage, comme en clinique, de ses propres sens et de son jugement : il lui faut acquérir le « coup d'œil » en la matière. L'aspect général du sujet, son « extérieur », comme on dit en hippologie, n'est pas négligeable, tant s'en faut : la couleur terne de la peau, les traits tirés, le bistre des paupières, l'expression morne du regard, la teinte blafarde des muqueuses, le port alangui de la tête et des épaules, etc., sont autant de signes de nature à donner l'éveil. Pour apprécier ces signes lorsqu'ils ne sont qu'ébauchés, il faut bien connaître les individus, dans leur état normal. La fatigue d'un enfant n'échappe pas au regard de sa mère ; l'éducateur doit bien posséder dans son esprit la physionomie générale de ses élèves pour y relever dès leur apparition les moindres indices alarmants.

VIII

Conclusions. — Rôle avertisseur de la fatigue. Liaison nécessaire du médecin et de l'instructeur.

La fatigue en elle-même est l'ennemi de l'homme qui s'exerce; mais la *sensation de la fatigue* est un avertissement donné à l'individu pour le mettre en garde en temps voulu. L'intervention du médecin est plus particulièrement utile pour déceler l'approche insidieuse de l'ennemi; là encore, comme en bien d'autres circonstances, son rôle est de prévenir le mal. Certains indices de la faiblesse sont appréciables pour l'instructeur, d'autres ne peuvent être révélés que par l'examen médical; la liaison constante entre l'éducateur et le médecin, déjà si fructueuse en bien des points, devient ici une nécessité. Leur collaboration de tous les instants, les appréciations qu'ils peuvent échanger sur les jeunes gens qui leur sont confiés et qu'ils doivent bien connaître, éviteront des accidents nuisibles non seulement aux individus, mais aussi à la cause de l'éducation physique.

« Quand le corps est fatigué, une faible quantité de travail produit des effets désastreux » (IOTEYKO). Telle est la formule que les éducateurs et les médecins doivent avoir constamment présente à l'esprit.

CHAPITRE V

MODIFICATIONS APPORTÉES À LA COMPOSITION DE L'URINE ET DU SANG PAR L'EXERCICE PHYSIQUE

L'exercice physique, mesuré et physiologique, suractive ou règle les échanges. Cette suractivation a son effet sur la composition de l'urine comme sur la composition du sang.

I

Urine

[illegible]

apporter de modifications fondamentales dans la composition chimique de l'urine.

Les données principales qui peuvent être actuellement admises sont les suivantes:

1° L'urine conserve sa réaction normale acide. Cette réaction est imputable d'ailleurs beaucoup plus à l'influence du régime alimentaire qu'à toute autre cause, un régime carnivore augmentant l'acidité, un régime végétarien la diminuant.

Des considérations du même ordre valent encore au sujet de l'élimination des sels urinaires: phosphates, sulfates, sels de chaux et de magnésie. Il n'en reste pas moins que les chlorures, et plus spécialement le sel marin, qui ont dans le rein leur voie d'excrétion prédominante, presque exclusive même, trouvent dans l'exercice physique une cause d'élimination plus rapide et plus grande.

2° Mais c'est incontestablement dans l'excrétion azotée que cette influence favorisante de l'exercice intervient. Il est classique de dire que l'exercice musculaire aide à la fixation de l'azote dans les tissus et devient par le fait même le principal facteur de l'accroissement de la masse musculaire. Par un phénomène opposé dans son but, l'exercice physique facilite et complète la désintégration de la molénite azotée, au cours du processus de désassimilation, dont le stade terminal est l'urée. La conséquence de ce fait important est que, dans l'azote total éliminé par l'urine, la proportion de l'urée augmente au détriment des autres produits azotés, en particulier l'ammoniaque, la créatinine et les matières azotées non dosées. Autrement dit, le rapport azote-total tend à se rapprocher de l'unité. Par ce seul fait et sans entrer ici dans plus de détails, on est autorisé à conclure que l'exercice physique a pour conséquence le perfectionnement du travail de désintégration azotée. (Rapprocher ce fait de ce qui a été dit de la fonction respiratoire.)

II.

Sang.

Toutes les parties constituantes du sang sont influencées par l'exercice physique : globules, plasma, sang total.

La *suractivation* physiologique, qui est la conséquence de l'exercice, retentit sur les organes hématopoïétiques, au même titre que sur les autres organes et tissus, et plus particulièrement sur la moelle osseuse. Chez les enfants, les adolescents et même les hommes jeunes, la moelle diaphyso-épiphysaire des os longs conserve une activité hématopoïétique qu'elle ne perd que plus tard. Sous l'influence de l'exercice et de la suractivité circulatoire, la moelle des os longs augmente la production des cellules sanguines dont elle est chargée. Elle le prouve par l'aspect macroscopique rouge de ses coupes et, au microscope, par l'abondance et la variété des cellules jeunes, de la série érythrocytaire comme de la série leucocytaire, et par la rareté des alvéoles graisseuses.

Cette hématopoïèse active a son expression naturelle dans le sang circulant. L'exercice physique traduit, en effet, dans le milieu sanguin, les modifications suivantes :

1° L'augmentation légère des globules rouges qui se maintiennent au taux normal de 5 millions par mm³ ou un peu au-dessus ;

2° Par l'enrichissement, plus sensible encore, de ces globules en leur pigment caractéristique, l'hémoglobine, qui dépasse parfois le chiffre physiologique ;

3° Par l'augmentation, d'ailleurs légère, de la valeur globulaire, c'est-à-dire du rapport entre le p. 100 d'hémoglobine et la proportion des globules rouges. L'organisme ainsi enrichi en hémoglobine s'enrichit du même coup en oxygène véhiculé par le pigment sanguin et les échanges respiratoires des tissus profonds en sont facilités ;

4° Par l'augmentation, également très légère, du taux des polynucléaires neutrophiles ;

5° Par un abaissement notable du coefficient de viscosité sanguine, et par conséquent par une fluidité plus grande du sang total. Il est remarquable que la fatigue et le surmenage physique entraînent l'effet inverse. D'ailleurs la transpiration, provoquant la déshydratation du sang, produit de ce fait une élévation du coefficient de viscosité ;

6° Quant au plasma du sang, il est difficile d'en apprécier les modifications sous l'influence de l'exercice, en raison de la variabilité incessante de ses composants chimiques. On se bornera à faire ressortir que ces modifications trouvent leur expression dans celles qui ont été décrites à propos de l'urine, puisqu'aussi bien le rein puise les éléments urinaires dans le plasma même.

Quoi qu'il en soit, l'influence de l'exercice musculaire et des sports sur la composition des urines n'a pas encore fait l'objet d'une étude systématique. Cette étude mériterait d'être entreprise en tenant compte de l'âge du sujet, de ses antécédents pathologiques, de la forme et de la durée du travail effectué.

Les observations recueillies jusqu'à ce jour aboutissent à des résultats différents et parfois contradictoires. Les divergences s'expliquent par les conditions alimentaires qui varient d'un athlète à l'autre, par la forme et la durée du travail accompli, par des conditions physiologiques individuelles, par un état antérieur dont il faut tenir compte, etc. A titre documentaire. Voici les résultats d'une analyse pratiquée par SABRAZÈS et DENIGÈS sur le coureur cycliste STÉPHANE pendant son record de vingt-quatre heures sur piste :

	PREMIER JOUR.	DEUXIÈME JOUR.
	grammes.	grammes.
Urée	31.50	68.60
Acide urique	0.65	1.
Azote total	17.07	38.85
Acide phosphorique total	3.64	7.
Sulfates	6.16	7.19
Chlorures	18.60	3.

Pendant la performance, STÉPHANE s'était exclusivement alimenté avec du lait.

On constate d'autre part que, chez les hommes sédentaires d'âge mûr, la toxicité urinaire varie sans cesse et que, de temps en temps, à intervalles inégaux, correspondant généralement à des périodes de mauvais état général, l'urine peut acquérir une grande toxicité. En d'autres termes, l'excrétion périodique, à intervalles inégaux, d'urines hypertoxiques est constante chez de tels sujets. Au contraire, chez les personnes régulièrement et sagement adonnées à l'exercice, la toxicité urinaire varie peu. L'exercice régularise leur désassimilation et empêche l'accumulation périodique ou la rétention des poisons urinaires dans l'économie.

CHAPITRE VI

RENSEIGNEMENTS FOURNIS PAR LA RADIOLOGIE DANS L'APPRÉCIATION DE L'APTITUDE AUX EXERCICES PHYSIQUES — UTILITÉ DU CONTRÔLE RADIOLOGIQUE AU COURS DE L'ENTRAÎNEMENT.

Les renseignements objectifs et précis fournis par l'examen radiologique des principaux organes (respiratoires, circulatoires, digestifs) sont devenus le complément indispensable de tout examen clinique et de toute expertise médicale ou chirurgicale. Ils doivent être utilisés, à l'égal des autres méthodes d'investigation et de mesure, soit pour écarter les hommes présentant des tares incompatibles avec un entraînement physique normal, soit pour éclairer le cas de sujets présentant des déficiences organiques légères ou un besoin pour reconstituer ces derniers.

D'autre part, il serait bon que tout homme soumis à l'entraînement subisse le contrôle radiologique au début de manifeste un fléchissement pouvant faire supposer qu'une cause organique est en jeu.

Il découle de ces nécessités une utilisation nouvelle des postes radiologiques du Service de Santé qui doivent pouvoir faire face à ces besoins spéciaux par leur répartition et par leur nombre. Mais il ne faut pas oublier que les interprétations des images radiologiques sont presque toujours délicates et ne peuvent être établies sûrement que par des médecins spécialisés ayant de l'expérience.

On ne saurait également négliger de répéter que l'examen radiologique permet rarement à lui seul de prononcer un jugement absolu, et qu'il représente seulement une partie de l'examen clinique complet.

L'examen radiologique à pratiquer tout d'abord est l'examen radioscopique; les images perçues sur l'écran traduisent les cycles et les modifications des organes pendant leur fonctionnement; elles se prêtent à toutes les manœuvres utiles à l'examen, changement d'attitude, de position, d'orientation, compressions, refoulements, etc.

La radiographie n'intervient qu'à titre exceptionnel pour fixer une image à étudier ou pour préciser certains détails.

Les appareils et organes que la radiologie permet d'étudier et qu'il est utile d'observer au point de vue spécial envisagé ici, sont : l'appareil pulmonaire, le cœur et l'aorte, le médiastin, enfin l'appareil digestif.

Voyons rapidement quels sont les aspects normaux des images radiologiques de ces organes, et aussi les signes anormaux qui peuvent être rencontrés chez les sujets qui sont appelés à recevoir l'éducation physique dans l'armée.

Appareil pulmonaire. — L'image pulmonaire présente deux champs symétriques rayés par l'ombre des côtes; en vue postérieure le champ pulmonaire gauche est couvert en partie par l'ombre du cœur. La clarté des champs pulmonaires varie avec les sujets, car elle totalise la transparence des poumons et de la paroi thoracique. Chez les individus à muscles développés, la partie supérieure du thorax est moins claire que la zone inférieure.

L'image pulmonaire se termine en bas par les arcs diaphragmatiques, à concavité inférieure, animés de mouvements alternatifs d'abaissement et d'élévation par le jeu de la respiration : l'arc droit qui correspond au dôme hépatique est plus élevé que le gauche et son niveau pendant le repos respiratoire, c'est-à-dire pendant l'expiration, correspond au mamelon droit; l'arc gauche peut être plus bas de deux à quatre centimètres.

La région du hile pulmonaire se signale par des ombres en forme d'arborisations divergentes, images des bronches et des vaisseaux pulmonaires. Cette région est presque toujours le siège de petites taches sombres arrondies, projections de ganglions hilaires.

Chez les sujets normaux, la mobilité des côtes, l'étendue de l'excursion diaphragmatique en inspiration forcée peuvent permettre d'apprécier la capacité et l'entraînement respiratoire.

Images anormales. — *Tuberculose.* — La transparence de l'image pulmonaire est modifiée, le plus souvent pour un sommet ou pour tous les deux. Ces plaques sont grises, et ne s'éclairent plus pendant la toux. A une période plus avancée, la partie supérieure du champ pulmonaire est envahie par des taches sombres plus ou moins confluentes, d'où un aspect marbré. Enfin des images cavitaires, claires ou non, bordées d'une ligne sombre, indiquent l'ulcération du poumon. Les ganglions hilaires sont accrus en nombre et en volume. L'examen de l'espace médiastinal en position oblique montre fréquemment des ombres anormales également de nature ganglionnaire. Enfin les mouvements du diaphragme sont modifiés, diminués d'amplitude du côté malade ou du côté le plus malade, soit par suite d'adhérences pleurales, soit par perte de l'élasticité du tissu pulmonaire.

Emphysème. — Les espaces intercostaux sont plus larges que normalement, les côtes sont plus horizontales. La clarté de l'image pulmonaire est augmentée; enfin l'ascension de l'arc diaphragmatique est diminuée d'amplitude dans les mouvements d'expiration, d'où son immobilisation relative caractéristique.

Sclérose pulmonaire. — Cet état, qui traduit une altération du parenchyme pulmonaire dans les lésions chroniques (pneumonie, tuberculose), se caractérise par la diminution d'étendue des champs pulmonaires, l'obliquité des côtes plus grande que normalement, la diminution des mouvements du diaphragme pendant l'inspiration.

Tumeurs. — Enfin des ombres anormales peuvent signaler l'existence des tumeurs du poumon et en particulier des kystes hydatiques.

Pleurésie. — La pleurésie sèche avec épaississement de la plèvre se traduit par une zone d'obscurcissement de l'image thoracique.

Les pleurésies avec épanchement produisent des ombres plus ou moins opaques qui siègent généralement aux bases, et dont la limite supérieure est oblique, fixe ou mobile suivant que l'épanchement est ou n'est pas enkysté. Des ombres circonscrites de situation et de direction spéciales signalent les pleurésies médiastines, interlobaires, diaphragmatiques.

Tumeurs de médiastin. — Elles se manifestent par des aires sombres plus ou moins étendues débordant d'un côté ou des deux l'ombre médiane thoracique. Elles peuvent déceler l'existence des tumeurs, avant que des signes cliniques de compression les aient rendues évidentes.

Appareil circulatoire. — *Cœur et aorte.* — L'image radioscopique du cœur doit être étudiée par des mesures et des tracés orthodiagraphiques; c'est le seul moyen d'apprécier d'une manière suffisamment exacte les variations de volume locales ou générales de l'organe.

Les mensurations des différentes dimensions de l'aire cardiaque seront effectuées suivant une méthode constante, donnant des résultats comparables entre eux (méthode de VAQUEZ et BORDET, de LIAN, etc.). Elles permettront, par comparaison avec des schémas normaux, une évaluation approchée des déformations des différents segments du cœur; mais, là encore plus qu'ailleurs, puisqu'il ne peut s'agir de grosses lésions, que l'examen clinique d'incorporation ne saurait méconnaître, l'interprétation des anomalies trouvées doit s'étayer sur les signes stéthoscopiques et sur les autres investigations usuelles.

Aorte. — L'étude de la forme de l'ombre aortique, en position droite et oblique, les mensurations orthodiagraphiques feront ressortir les variations de volume générales ou localisées, traduisant les lésions du vaisseau, dilatation, anévrisme, aortite.

Appareil digestif. — Exceptionnellement, l'étude de la forme et du fonctionnement des différents segments du tube digestif pourra être indiquée et réalisée grâce à l'emploi des préparations opaques barytées ou bismuthées. Les troubles fonctionnels de l'estomac, et particulièrement l'atonie, se révèlent aisément à l'écran. Leur évolution sous l'influence de l'entraînement peut être bien intéressante à observer, car elle est certainement influencée par l'éducation physique et par certains exercices appropriés.

Le rapide exposé ci-dessus donne une indication des services que la radiologie peut et doit rendre pour l'étude des sujets douteux au point de vue de leur aptitude physique.

Elle peut faire davantage encore en permettant de contrôler les modifications apportées par l'entraînement physique dans les fonctions respiratoires, circulatoires et peut-être même digestives; mais c'est là une étude systématique qui reste à entreprendre.

CHAPITRE VII.

ÉDUCATION PHYSIQUE ET ORGANES DES SENS.

L'éducation physique et la pratique des sports commencées dès le jeune âge et poursuivies rationnellement au cours de l'âge adulte perfectionnent et entretiennent les organes des sens au même titre que les autres organes. Elles contrebalancent par l'effet combiné du mouvement et du grand air,

2° Un champ visuel étendu avec vision périphérique aussi large et aussi précise que possible, ce qui donne au porteur la qualité essentielle pour la pratique de tous les sports : le sens de l'orientation.

Voyons rapidement, chez le jeune écolier, les étapes de la genèse de la myopie scolaire.

La vision à 35 centimètres que représente la lecture est un effort anormal pour l'œil hypermétrope de l'enfant, effort auquel la nature ne l'a pas préparé. Il accommode pour voir, mais l'excès d'accommodation détermine souvent un spasme des muscles ciliaires qui produira à la longue une traction d'avant en arrière sur les membranes profondes de l'œil.

L'enfant converge ses deux yeux de manière à confondre les images de l'objet rapproché qu'il regarde, la convergence que nécessite l'excès de rapprochement s'accompagnera d'une pression sur les globes oculaires des muscles droits internes, qui comprimeront le globe à la manière d'une sangle agissant suivant un des méridiens ; l'œil comprimé aura tendance à s'allonger.

L'enfant fatigué par la lecture penche la tête en avant, congestionne par cette position les membranes profondes de l'œil. Sous l'influence de cette triple action de l'accommodation, de la convergence et de la chute de la tête en avant, l'œil s'allonge suivant son axe antéropostérieur, il devient emmétrope, c'est-à-dire régulièrement circulaire, puis il se déforme toujours dans le même sens, d'abord régulièrement, c'est l'œil simplement allongé, sans lésion des membranes, du myope simple. Une distension partielle au point de la pression maximum et du minimum de solidité de la coque oculaire se produit et amène le staphylome postérieur avec lésion scléro-choroïdienne de la myopie progressive compliquée. Sans entrer dans le détail de la physiologie de l'œil myope, nous voyons se perdre chez lui les deux qualités éminentes de l'œil primitif :

1° La netteté de l'image maculaire, puisque cette image se forme en avant de la rétine ;

2° La diminution du champ visuel et du sens de l'orientation par l'éloignement et la déformation de la rétine sensible, qui diminuera le nombre de rayons normaux parvenant à travers la pupille à cette membrane.

Le traitement de la myopie scolaire et surtout sa prophylaxie se déduisent de l'histoire de sa genèse.

Nous luttons contre *l'excès de rapprochement* au cours de la lecture en imposant à l'enfant la position, réclamée à la fois par l'orthopédiste et par le médecin oculiste, *tête et corps droits*. Mais il ne suffit pas de donner à l'enfant un éclairage rationnel et un mobilier scolaire adéquat, il ne suffit pas de lui dire : tenez-vous droit ; il faut lui en donner le moyen ; il faut lui fournir le tuteur solide d'une colonne vertébrale redressée par l'exercice, maintenue droite par des muscles que la pratique en plein air des jeux et des sports a fortifiés.

Le professeur d'éducation physique et le maître des enseignements primaires et secondaires auxquels sont confiés des enfants de 7 à 16 ans, prêteront toute leur attention aux enfants dont la vision semble s'altérer du fait de rapprochement. Ils les soumettront à un entraînement particulier. Giraud-Theulon n'hésite pas à conseiller l'arrêt complet des études chez l'enfant candidat à la *myopie scolaire*, « *jetez-le dans les haubans* comme mousse, mettez-le à la charrue », conseille-t-il aux maîtres et aux parents. Sans aller aussi loin, n'hésitons pas à interrompre les études pendant une période de plusieurs mois, chez l'enfant ou le jeune homme, chez lequel apparaît le spasme de l'accommodation prémonitoire de la myopie. Puisque l'excès de rapprochement et le confinement déforment son appareil oculaire, donnons-lui les vastes espaces, la grande lumière et l'exercice rationnel, que comportent l'éducation physique du cycle correspondant.

2° Insuffisance nasale.

L'éducation physique à ses diverses périodes se propose d'augmenter la capacité vitale des poumons du sujet, c'est-à-dire la quantité maxima d'air qu'il pourra dans un temps donné amener à ses vésicules pulmonaires pour la soumettre à l'*hématose* ; il est élémentaire de constater que la limitation pratique d'un exercice sera marquée avant la fatigue musculaire par l'essoufflement et la tachycardie.

Cette limitation des échanges respiratoires est fonction de l'état du poumon, elle l'est aussi du calibre et de l'état fonctionnel des voies aériennes supérieures, et surtout des fosses nasales.

Quel est donc le rôle du nez dans la respiration ?

Les fosses nasales au niveau de leur étage inférieur — l'étage respiratoire — sont tapissées d'une muqueuse épaisse abondamment vascularisée. Leur rôle, grâce à cet appareil vasomoteur, qui en fait un véritable radiateur, est de réchauffer l'air inspiré, de l'humidifier et de le filtrer. D'autre part, la muqueuse nasale ou pituitaire, très sensible aux excitations extérieures, est le point de départ d'un réflexe qui règle automatiquement *le débit respiratoire*.

Tout obstacle anatomique, osseux, cartilagineux, muqueux, adénoïdien, en réduisant la respiration nasale, réduira les échanges respiratoires dans leur ensemble.

Toute modification profonde de la muqueuse aboutissant à son atrophie ou à son insensibilité produira un résultat fonctionnel analogue au précédent.

La perméabilité anatomique des fosses nasales et l'intégralité fonctionnelle de la muqueuse pituitaire sont donc les deux éléments du facteur si important de la respiration nasale. La cause la plus fréquente de l'obstruction nasale chez l'enfant est l'hypertrophie de l'amygdale pharyngienne qui obstrue l'orifice postérieur ou choanal des fosses nasales. Chez l'adulte, l'obstruction nasale est le plus souvent le fait d'une déviation de la cloison, souvent compliquée de «crête» ou «d'éperon», qui diminue le calibre de l'une ou des deux fosses nasales. On observe aussi fréquemment l'hypertrophie des cornets inférieurs seule ou combinée à la déviation de la cloison nasale.

L'atrophie de la muqueuse pituitaire ou rhinite atrophique se caractérise d'abord par une modification de la sensibilité, puis par des troubles trophiques plus accentués, production de croûtes fétides et atrophie de la muqueuse des cornets.

Les effets de l'obstruction nasale portent à la fois sur le massif facial et sur le thorax. Tout le monde connaît les modifications permanentes du nez, de la bouche, et des deux maxillaires, qui constituent le faciès adénoïdien. La cage thoracique, chez l'enfant atteint de végétations adénoïdes, se développe mal, surtout aux sommets ; les végétations adénoïdes de la 10e année s'atrophieront spontanément à 15 ou 16 ans, mais elles laissent derrière elles chez l'adulte une obstruction par déviation de la cloison qui limitera le débit respiratoire, diminuera l'amplitude des mouvements de la cage thoracique chez l'homme de 20 à 30 ans. Chez l'homme de 35 à 40 ans, apparaîtra une véritable soudure des articulations des premières côtes qui se compliquera définitivement d'emphysème pulmonaire.

Les médecins pneumologues, en particulier dans l'armée, ont décrit un type respiratoire spécial caractérisé par une modification des murmures vésiculaires, qui peut, dans certains cas, simuler la tuberculose pulmonaire.

Il est indispensable que le professeur d'éducation physique et le médecin qui l'assiste connaissent de façon précise ce syndrome de l'obstruction nasale ; c'est en effet au cours de l'entraînement qu'apparaissent le plus souvent les signes de ce déficit des échanges respiratoires. Le débit respiratoire réduit a suffi à l'enfant pour ses jeux, à l'adulte pour la marche et la pratique de sa profession. Soumis à l'entraînement rationnel de l'éducation physique élémentaire ou de la préparation militaire, ils constatent, malgré un développement musculaire suffisant, l'impossibilité d'accomplir certaines performances ; toutes les épreuves de fond, qui demandent un effort respiratoire prolongé, leur sont interdites.

L'examen fonctionnel montrera une diminution de la capacité vitale au spiromètre, une amplitude thoracique réduite et surtout une diminution sensible du débit respiratoire maximum, mesuré avec le masque manométrique de Pech.

L'examen anatomique des fosses nasales, pratiqué par un spécialiste, décèlera le plus souvent une obstruction nasale, qui sera d'autant plus curable que le sujet est plus jeune.

l'obstacle levé, la respiration fonctionnelle [illegible] immédiate, une adaptation doit se faire de l'organisme à cet élargissement des voies aériennes supérieures. L'éducation physique rationnelle hâtera ce rétablissement de la fonction dont les étapes seront suivies par les mesures prescrites par la rhinométrie, en particulier par l'étude des tâches [illegible] lottées à l'ethmorinomètre de Robert Foy et la manœuvre du débit respiratoire maximum buccal, nasal et total, au moyen du masque manométrique de Pécro. Les mouvements seront ceux de la rééducation respiratoire portant sur les narines actionnant le sommet du thorax; ils seront pratiqués bouche fermée, aile du nez dilatée au besoin avec un appareil spécial.

Si la muqueuse nasale n'a pas sa sensibilité normale, la douche d'air comprimé froid sur les cornets inférieurs suivant la méthode de Robert Foy, contribuera à lui rendre la sensibilité nécessaire au fonctionnement normal de cette régulateur de la respiration.

Ainsi donc le professeur d'éducation physique devra courir au spécialiste pour le diagnostic et le traitement de l'obstruction nasale chez un sujet arrêté dans son développement par l'insuffisance de son débit respiratoire. Le [illegible] n'obtiendra pas la guérison fonctionnelle de l'[illegible] nasale sans une rééducation respiratoire fondée sur l'instruction physique.

CHAPITRE VI

EXPOSÉ SUCCINT DES PRINCIPAUX SPORTS D'APRÈS LE CODE OLYMPIQUE

Le sport athlétique comprend:

a) Les courses;
b) Les sauts;
c) Les lancers;
d) Le concours *combiné*;
e) La marche.

Les courses.

On distingue:

(courses de vitesse (60, 100, 200 mètres);

de demi-fond (400 et 800 mètres);

de fond [illegible], 1500, 3000, 5000, [illegible] au-dessus comme le Marathon);

étant [illegible] le but [illegible], 1500 [illegible] mètres);

de relais (4 x 100, 4 x 200, 4 x 400 mètres).

...ries de vitesse. — Le départ est pris, les coureurs se trouvant en position ramassée. À l'indication de *à vos marques*, les mains sont placées en arrière de la ligne de départ, le pied avant est en arrière de cette ligne, la jambe arrière posant sur le genou et la pointe du pied; le genou arrivant à hauteur du cou-de-pied de la jambe avant.

À l'indication suivante : *Prêt*, le corps est porté en avant, le genou arrière s'élève, le dos est horizontal. Le départ est donné au pistolet; il se produit à ce moment une violente détente des jambes et des bras.

Dans les courses de vitesse, comme dans toutes les courses, le corps est légèrement penché en avant, la tête dans le prolongement du tronc, les bras ont un mouvement diagonalement opposé à celui des jambes, comme dans la marche. Le coureur progresse sur la pointe des pieds par bonds successifs.

Courses de demi-fond. — Elles comprennent les courses de 400 et 800 mètres; ces deux épreuves sont les plus fatigantes.

Ces courses nécessitent un ou plusieurs virages, alors que les courses de vitesse se disputent généralement en ligne droite.

L'allure est très souple et la foulée est un peu plus longue que dans les courses de vitesse.

Courses de fond. — Au lieu du départ en position ramassée, on utilise le départ debout. Le corps est penché en avant, le pied gauche ou droit en avant et le bras droit ou gauche également en avant.

On doit, pendant toute la course, observer l'économie respi... inspirations profondes et nasales, expirations buccales, lentes et profondes.

[...] il faut être endurant et avoir une certaine pointe de vitesse. La nécessité de la notion de l'allure est indiscutable [...]

110 et 400 mètres. Quelle que soit la distance à franchir, il y a toujours dix haies de 1 m. 06 pour le 110 et de 0 m. 90 pour le 400 mètres.

Il s'agit de rester le moins possible sur la haie. Pour éviter de planer il faudra franchir la haie en la rasant; la jambe avant passe tendue et se rabat aussitôt pour reprendre contact avec le sol, le plus vite possible. La jambe arrière passe fléchie, la cuisse élevée latéralement et horizontalement.

A propos des courses de haies, signalons les courses d'obstacles, steeple-chase, d'environ 3,000 mètres, dans lesquelles les obstacles (haies, mur, rivière, banquette) peuvent être placés de 50 en 50 mètres.

Courses de relais. — Les deux épreuves olympiques sont les suivantes : 4 × 100 et 4 × 400 mètres.

Quatre coureurs se relaient sur tous les 100 mètres ou 400 mètres.

Il s'agit de se passer le plus rapidement possible un bâton appelé « témoin ». Au passage du témoin les deux coureurs doivent être au maximum de vitesse. Le témoin doit être transmis dans un espace de 20 mètres.

Les Sauts.

Les sauts en longueur et en hauteur sans élan sont de moins en moins pratiqués.

Au saut en hauteur avec élan plusieurs styles sont employés.

Le style consistant à prendre l'élan de face et à grouper les jambes sur la barre n'est plus utilisé. Le style en ciseaux est encore pratiqué. L'élan est pris de côté, gauche par exemple; dans ce cas, l'appel est donné par le pied droit; la jambe gauche est violemment lancée en l'air, la jambe droite la rejoint et le sauteur sur la barre donne l'impression de sauter en chaise.

Maintenant on saute de face ou de côté, mais pendant l'élévation du corps, il se produit un véritable mouvement de contorsion et à la fin de ce mouvement le corps se retrouve face à la piste d'élan.

Dans le saut en longueur avec élan, l'élan doit être pris avec soin, il faut rechercher et mesurer cet élan. Deux styles sont employés :

1° Le style en flexion ou groupé.

Dès l'impulsion, le corps cherche à se ramasser, à se faire le plus petit possible, on saute en boule.

2° Le saut en extension dans lequel le corps cherche à se grandir, à gagner de la hauteur. Pendant la suspension, un mouvement de ciseaux (jambes) très rapide permet d'augmenter la distance.

Comme autre type de saut en longueur, il faut citer le triple saut, trois bonds successifs faits :

le premier sur la jambe d'appel ;

le deuxième sur l'autre jambe ;

le troisième sur les 2 jambes.

Ce saut tend à disparaître des programmes.

Le saut à la perche est au contraire très usité.

L'élan est très important comme dans le saut en longueur avec élan. A l'impulsion, grâce à la vitesse la perche se redresse. Le corps cherche alors à se retourner, à présenter les épaules face à la piste d'élan ; lorsque le retournement est complet, les bras sont en flexion sur la perche et tronc et jambes sont dans un même plan. Alors les jambes s'abaissent, tandis que les bras s'étendent. Le corps est en forme de V renversé, la barre étant sous l'estomac de l'athlète.

La chute se fait en souplesse.

Les Lancers.

Ils comprennent :

Le poids (7 kilogr. 257) ;

Le disque (2 kilogrammes) ;

Le javelot ;

Le marteau.

Au lancer du poids, il faut tenir la masse d'une seule main et au-dessus de l'épaule. On dispose d'un cercle de 2 m. 13 de diamètre, duquel on ne peut pas sortir. A un mouvement de flexion et de rotation du corps sur la jambe arrière suit un mouvement d'extension de la jambe arrière, du bassin et du bras portant le poids.

Le lancer du disque est très délicat.

Le disque est en bois dur et lisse entouré d'un cercle de fer, il pèse 2 kilogrammes. Il se lance de l'intérieur d'un cercle de 2 m. 50.

Le disque est maintenu par l'extrémité des doigts et le poignet.

Dans le lancer sans élan, la hanche, d'abord fixée, est portée la première en avant, le bras tendu. Le disque se lance avec élan. Les mêmes mouvements sont répétés, mais après avoir fait un tour sur soi-même (un pas de valse) à l'intérieur du cercle.

Le javelot est encore peu utilisé en France.

C'est un bâton en bois dur et lisse, terminé par une pointe en métal. Il mesure 2 m. 60 et pèse 800 grammes.

Deux styles très différents : le style libre et le style classique.

Le style libre n'est presque plus employé : le javelot est tenu en équilibre par son talon sur l'index.

Dans le style classique, le javelot est tenu par sa poignée.

Après une course de 3o mètres en moyenne, le bras est tendu en arrière et après un mouvement d'extension des jambes et du tronc, le javelot est lancé dans la direction suivie par le lanceur pendant son élan.

La Marche.

Les épreuves de marche qui figurent au programme olympique sont : le 3,ooo mètres et le 1o,ooo mètres.

Dans la marche athlétique le talon pose à terre le premier; la jambe tendue, l'autre pied étant en contact avec le sol, les bras sont projetés en avant, en dedans et en l'air, en roulant les épaules et en déhanchant légèrement le buste. La marche athlétique correcte réside surtout dans le mouvement des bras; les poings arrivent à la hauteur du menton, l'oscillation des épaules aide à la propulsion du corps qui doit toujours rester droit.

Il vaudrait même mieux se pencher en arrière.

Les Concours combinés.

Pentathlon classique. — Il se compose du :

Saut en longueur avec élan, lancement du javelot, 2oo mètres, lancement du disque et 1,5oo mètres. (Épreuves disputées dans cet ordre).

Après les trois premières épreuves, on conserve les douze meilleurs concurrents et les 6 premiers, après le disque, courent le 1,5oo mètres.

Pentathlon moderne. — Il comprend :

Tir de vitesse au revolver ou au pistolet sur silhouette d'homme debout, à 25 mètres, visible deux secondes (quatre séries de cinq balles);

Natation (3oo mètres);

Escrime à l'épée (poule) ;

Cross-country hippique (5,000 mètres) ;

Cross-country pédestre (4,000 mètres).

Le résultat final est obtenu par addition des places dans les cinq épreuves.

Décathlon. — Il comprend :

Les 1oo mètres, saut en longueur avec élan;

Lancement du poids, saut en hauteur avec élan, 4oo mètres, qui ont lieu le premier jour, et les 11o mètres haies, lancement du disque, saut à la perche, lancement du javelot, 1,5oo mètres, qui ont lieu le jour suivant.

Cet ordre des épreuves doit être respecté.

A chaque performance correspond un nombre de points compris entre o et 1,ooo points. Le classement est fait par addition des points.

Foot-Ball Rugby.

I. But du jeu. — Le jeu consiste à porter le ballon de forme ovale derrière la ligne de but adverse et à lui faire toucher terre, ce qui compte un essai ou 3 points. Ensuite on a le droit d'essayer de faire passer le ballon d'un coup de pied entre les deux poteaux du but conquis, ce qui donne 1 but ou 2 points de plus.

II. Le terrain. — Le terrain doit être rectangulaire.

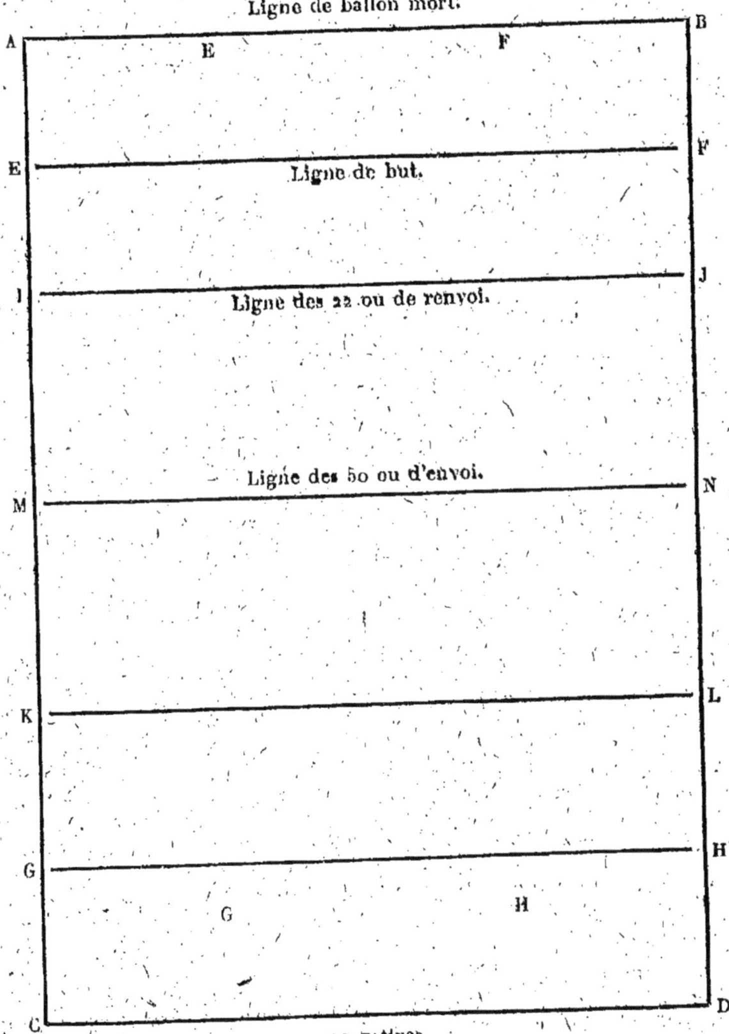

Au milieu de chaque ligne de but, s'élèvent les poteaux de but. Ces poteaux, aussi hauts que possible, sont plantés à 5 m. 50 l'un de l'autre et reliés à 3 mètres du sol par une barre transversale.

III. Nombre et répartition des joueurs :

8 avants,
2 demis,
4 trois-quarts,
1 arrière.

1° *Les avants.* — Les avants ont pour mission de suivre le ballon du commencement à la fin de la partie, de former la mêlée, d'attendre le ballon aux rentrées en touche et de préparer le jeu des lignes arrière.

2° *Les demis.* — Les demis au nombre de 2 (1 demi de mêlée, 1 demi d'ouverture) ont pour mission de saisir le ballon à sa sortie de mêlée et de le passer rapidement à leurs trois-quarts, ou d'essayer de s'échapper en conservant le ballon.

3° *Les trois-quarts.* — Au nombre de 4 (2 trois-quarts centres, 2 trois-quarts ailes) ils doivent arrêter le ballon envoyé vers eux, ou plaquer tout adversaire porteur du ballon. Ils doivent, en outre, profiter de toutes les occasions favorables pour s'élancer vers le camp ennemi, en se passant le ballon de l'un à l'autre.

4° *L'arrière.* — Il doit plaquer tout adversaire porteur du ballon ou, si le ballon arrive sur lui, l'arrêter et le renvoyer en touche le plus loin possible.

IV. Le jeu. — Le jeu est dirigé par un arbitre, dont les décisions sont sans appel. Une partie de rugby doit durer 80 minutes, plus un repos de 5 minutes accordé au milieu du jeu.

La victoire est obtenue par majorité des points obtenus.
Un essai vaut 3 points.
Un but après essai vaut 2 points.
Un but sur coup franc : 3 points.
Un but sur coup de pied tombé (drop-goal) : 4 points.

V. Particularités du jeu :

1° *Différents coups de pied.* — Les coups de pied sont au nombre de trois :

a) Coup de pied de volée ;

b) Coup de pied placé ;

c) Coup de pied tombé. Donné en laissant tomber le ballon à terre et en le frappant au moment où il rebondit.

2° *Coup franc.* — Le coup franc est un coup de pied de volée, placé ou tombé, qui se donne après un arrêt de volée, ou certaines fautes énumérées plus loin.

3° *Passes.* — La passe ne doit jamais être faite en avant, mais toujours un peu en arrière.

4° La meilleure façon de plaquer un adversaire consiste à le saisir avec les deux mains à hauteur des genoux tout en projetant rapidement le corps dans ses cuisses.

5° *Dribbling.* — Le dribbling consiste à faire progresser le ballon dans la direction du camp adverse, à l'aide de petits coups de pied.

Arrêter un dribbling consiste à se jeter à terre sur le ballon en se cachant la tête derrière les bras et en présentant le dos à celui ou ceux qui conduisent le dribbling.

6° *Essai.* — L'essai est réussi par le joueur qui, le premier, pose la main sur le ballon en contact avec le sol dans le but ennemi. Quand un joueur a réussi un essai, un de ses co-équipiers prend le ballon au point où l'essai a été fait, en A par exemple, l'apporte dans le terrain de jeu au point B,

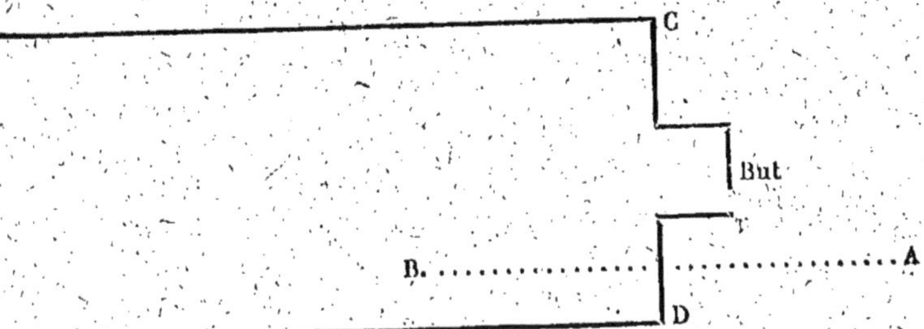

c'est-à-dire à une distance de son choix mais comptée perpendiculairement à la ligne de but, A B étant perpendiculaire à C D, et s'efforce par un coup de pied placé de faire passer le ballon entre les deux poteaux de but et au-dessus de la barre transversale. En cas de réussite, on dit que l'essai a été transformé en but.

7° *Touché.* — Il y a touché quand un joueur met le premier la main sur le ballon en contact avec le sol dans son propre but.

8° *Mêlée.* — La mêlée est la réunion de tous les avants des deux équipes, groupés pour pousser les uns contre les autres. Dans la mêlée les avants de chaque équipe se forment de la façon suivante :

1re ligne : 3 hommes se tenant par la ceinture s'inclinant vers le sol pour pousser;

2ᵉ ligne : 2 hommes s'encastrent derrière eux dans la même position pour pousser aux hanches, avec leurs épaules;

3° ligne : 3 hommes se placent comme leurs camarades de 2ᵉ ligne. Le ballon étant placé au milieu de la mêlée par un demi, il s'agit dans l'offensive, de talonner le ballon pour le passer aux trois-quarts et, dans la défensive, de le garder dans les jambes en essayant de repousser l'adversaire.

9° *Touche.* — Il y a touche lorsque le ballon franchit une des lignes de touche. Il est remis en jeu par un joueur du camp opposé à celui qui l'a envoyé en touche ou, s'il a été porté en touche, par un joueur du même camp que celui qui l'y a conduit.

En principe, celui qui remet le ballon en jeu le lance dans le terrain, perpendiculairement à la ligne de touche, à un de ses co-équipiers. Les avants des deux camps se placent alors perpendiculairement au point de rentrée et se surveillent naturellement pour éviter toute échappée.

10° *Arrêt de volée.* — L'arrêt de volée consiste à attraper le ballon de volée quand il vient directement de l'adversaire, à la suite d'un en-avant ou d'un coup de pied. Le joueur qui réussit l'arrêt de volée doit faire au même instant, pour le faire constater, une marque sur le sol avec son talon. C'est lui-même et non un autre joueur qui donnera le coup de pied.

11° *Coup de renvoi.* — Ce coup, appelé souvent coup de 22 mètres, est un coup de pied tombé donné sur la ligne des 22 mètres. Ce coup a lieu quand le ballon franchit la ligne de ballon mort et de but, ou après un touché.

Hors-jeu. — Un joueur est hors-jeu s'il pénètre ou cherche à pénétrer dans une mêlée par le côté de ses adversaires ou s'il touche le ballon qui vient d'être joué ou touché en dernier lieu par un de ses co-équipiers placé derrière lui.

Pour qu'un joueur cesse d'être hors-jeu, il faut que son adversaire ait couru 5 mètres avec le ballon ou que cet adversaire ait donné un coup de pied, ou qu'un de ses co-équipiers le dépasse dans la direction du but ennemi. Un joueur hors-jeu ne doit ni gêner un adversaire ni toucher le ballon, sous peine de coup franc.

VI. **Pénalités :**

1° Mêlée : Après un en-avant, ballon non lancé perpendiculairement après une remise en jeu à la touche, etc.;

2° Coup franc : Pour hors-jeu, arrêt d'un adversaire non porteur du ballon, etc.

Foot-Ball Association.

Résumé des règles du jeu,

Le foot-ball association se joue avec un ballon rond, sur un terrain gazonné de préférence.

I. Dimension et tracé du terrain :

a) Le terrain de jeu a la forme d'un rectangle dont les dimensions maxima sont 120 mètres sur 80 mètres et minima 100 mètres sur 50 mètres ;

b) Le but, placé au centre des lignes de but, est formé par deux poteaux plantés en terre, à 7 m. 30 l'un de l'autre, et reliés par une barre transversale à 2 m. 40 au-dessus du sol.

c) Dans chaque camp, la surface du but est délimitée par des lignes de 6 mètres de longueur, tracées perpendiculairement à la ligne de but et à 6 mètres de chaque poteau de but ;

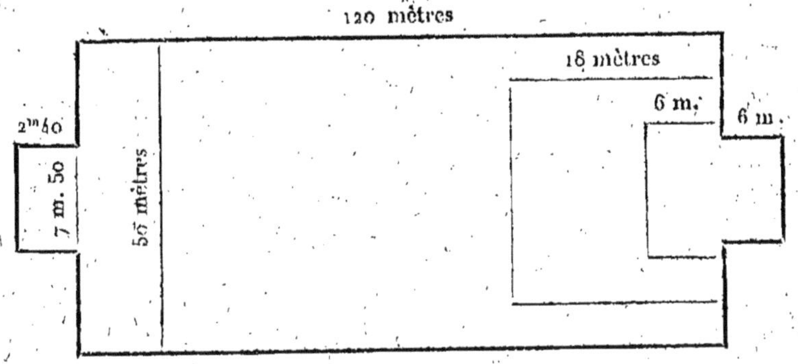

d) Dans chaque camp, la surface de réparation est délimitée par des lignes de 18 mètres de longueur tracées perpendiculairement à la ligne de but et à 18 mètres de chaque poteau de but ;

e) Une marque apparente, appelée point de réparation, est faite à 12 mètres de la ligne de but, en face du centre de chaque but.

II. Nombre et répartition des joueurs. — Les joueurs, au nombre de 11 dans chaque camp, sont répartis comme suit :

1 gardien de but,
2 arrières,
3 demis,
5 avants.

a) Le gardien de but à pour mission de défendre avec les pieds et les mains l'espace compris entre les 2 poteaux de but et la barre transversale qui les relie ;

b) Les 2 arrières aident le gardien de but dans la défense du but, mais n'ont pas le droit de se servir des mains.

c) Les 3 demis soutiennent, suivant le cas, l'attaque et la défense ;

d) Les 5 avants cherchent à gagner du terrain en avant, et à faire passer le ballon dans le but ennemi, soit d'un coup de pied, soit d'un coup de tête.

Pour gagner un but, il faut que le ballon soit envoyé entre les deux poteaux et au-dessous de la barre transversale.

III. **Direction du jeu.** — Le jeu est dirigé par un arbitre chargé de faire respecter les règles et de siffler les fautes commises par les joueurs.

On lui adjoint 2 juges de touche.

IV. **Le jeu.** — La partie comprend deux mi-temps, de 45 minutes chacune, séparées par un repos de 5 minutes.

A la mi-temps les camps changent de côté. Le coup d'envoi se donne au centre du terrain.

Chaque fois que le ballon franchit la ligne de touche, un joueur appartenant au camp opposé à celui qui l'a envoyé en dehors des limites du terrain, le remet en jeu. Ce joueur se plaçant face au terrain de jeu, les deux pieds sur la ligne de touche, jette le ballon (au-dessus de la tête avec les deux mains) à un équipier de son camp.

Lorsqu'un joueur, à la suite d'un coup malheureux, fait franchir au ballon la ligne de but de son camp, le ballon est remis en jeu par un coup de pied de coin, donné par un des joueurs du camp adverse. Ce joueur, après avoir placé le ballon dans un rayon d'un mètre du piquet de coin le plus rapproché de l'endroit où le ballon a franchi la ligne de but, l'envoie d'un coup de pied devant le but.

Lorsque le ballon franchit la ligne de but, après avoir été joué par un joueur du camp opposé à celui auquel appartient le but, il est remis en jeu par un coup de pied de but donné par un des joueurs du camp dont la ligne de but a été dépassée. Pour le coup de pied de but, le ballon est placé à 6 mètres du but dans la moitié de la surface de but la plus rapprochée du point où le ballon a franchi la ligne de but.

Au cours du jeu, il est expressément défendu de porter le ballon, de le frapper ou de le toucher avec les mains, ou les bras écartés du corps. Le gardien de but est seul autorisé à faire usage des mains pour défendre son but, il ne peut pas porter le ballon plus de 2 pas.

Il est formellement interdit de faire des crocs-en-jambe à

un adversaire, de lui donner des coups de pied, de sauter sur lui, de le pousser par derrière ou de le tenir avec les mains.

V. Particularités du jeu :

a) Coup d'envoi. — Le coup d'envoi est un coup de pied donné dans le ballon placé sur le sol, pour l'envoyer dans la direction du camp adverse.

b) Coup franc. — Le coup franc est un coup de pied, analogue au coup d'envoi, destiné à pénaliser certaines fautes (rentrée en touche incorrecte, hors-jeu, gardien de but portant le ballon plus de 2 pas, usage des mains, crocs-en-jambe, charge par derrière, tenir, pousser, etc.).

Un but ne peut pas être fait directement sur un coup franc, sauf quand le coup franc a été accordé pour une des fautes suivantes : jouer avec les mains, tenir, pousser ou charger un adversaire par derrière, faire des crocs-en-jambe

Aucun joueur du camp adverse ne peut s'approcher à moins de 10 mètres du ballon avant que ce dernier ait été joué. Le coup de pied franc se donne à l'endroit où la faute a été commise.

c) Coup de pied de réparation. Le coup de réparation est accordé aux joueurs d'un camp lorsqu'un joueur du camp adverse commet, dans sa propre surface de réparation, l'une des fautes suivantes : jouer le ballon avec les mains (sauf le gardien de but, bien entendu), tenir, pousser, charger un adversaire par derrière, sauter sur lui, faire des crocs-en-jambe.

Le ballon est placé au point de réparation et envoyé directement d'un coup de pied dans le but. Tous les joueurs sauf le gardien de but et le joueur du camp adverse qui donne le coup de pied de réparation, sont en dehors de la surface de réparation.

d) Notions sur le hors-jeu. — On dit qu'un joueur est hors-jeu quand il se trouve devant le ballon au moment où ce ballon est touché par un de ses co-équipiers et lorsque trois de ses adversaires ne sont pas plus rapprochés que lui de leur propre ligne de but. Un joueur hors-jeu ne peut ni toucher le ballon, ni gêner en aucune façon un adversaire.

Basket-Ball.

BALLON AU PANIER.

Le terrain de jeu mesure de 18 à 25 mètres en longueur et de 11 à 15 mètres de largeur. Au milieu de chaque ligne de 11 à 15 mètres et à 61 centimètres devant cette ligne on place un poteau supportant, à 3 m. 05 de hauteur, un panier de o m. 46 de diamètre.

A 5 m. 24 en avant du poteau du but, sur une perpendiculaire à la ligne de fond (largeur), est le centre d'une circonférence de 2 mètres de rayon. Cette circonférence est reliée à la ligne de fond par un couloir formé de deux lignes parallèles, éloignées l'une de l'autre de 2 mètres, c'est la surface de lancer franc.

Le centre du jeu est marqué par le cercle d'envoi de o m. 61 de rayon.

Le ballon est légèrement plus gros et plus lourd que celui du foot-ball association.

Les équipes réglementaires sont de 5 joueurs : 3 avants dont 1 centre, 2 arrières. Les arrières marquent les avants adverses et les deux avants centres se marquent mutuellement.

En parties amicales on peut jouer à 7 :

   3 avants,

   2 demis,

   2 arrières ;

   ou à 9 : 3 équipiers dans chaque ligne.

La durée de la partie est de 40 minutes, jouées en deux mi-temps de 20 minutes, séparées par un repos de 10 minutes.

L'engagement de la partie se fait au milieu du terrain de jeu. Les deux centres se placent dans le cercle d'envoi, l'arbitre lance le ballon au-dessus d'eux aussi verticalement que possible et assez haut. Lorsque le ballon est arrivé à sa plus haute position, l'arbitre siffle.

A ce signal, les centres cherchent à toucher le ballon. Le jeu consiste à se passer le ballon entre co-équipiers et à le lancer dans son panier et en même temps à empêcher l'autre équipe de s'emparer du ballon ou de faire un panier.

Il est interdit sous peine de coup franc :

De tenir le ballon contre le corps, entre les jambes, de le frapper soit du pied, soit du poing, ce qui n'exclut pas un coup de la main ouverte, de le porter ; il ne faut pas faire deux pas avec le ballon ;

De tenir, de bousculer un adversaire ;

De se mettre deux pour chercher à ravir le ballon à un adversaire ;

De jongler avec le ballon ;

De conserver le ballon ;

De tenir le ballon en même temps qu'un adversaire.

Il est permis :

De jeter ou de rabattre le ballon avec une ou deux mains dans n'importe quelle direction ;

De frapper le ballon avec la main ouverte ;

De frapper le ballon, mais sans toucher le bras ou la main ou le corps du joueur qui a le ballon, de dribbler le ballon, c'est-à-dire de le faire rebondir ou rouler sur le sol.

Volley-Ball.

BALLON DE VOLÉE.

Le terrain est un rectangle de 15 à 22 mètres de long sur 9 mètres à 10 m. 50 de large.

Le ballon est rond, de 0 m. 65 de diamètre, il pèse 250 grammes.

Le filet a 1 mètre de large, de 9 à 10 m. 50 de long. Le bord supérieur de filet est à 2 mètres au-dessus du sol.

Les équipes sont de 7 hommes au moins.

La partie se joue en 15 points.

Le jeu consiste à envoyer le ballon dans le camp adverse, par-dessus le filet. Le ballon doit être repris et renvoyé dans l'autre camp. Le ballon ne doit jamais toucher terre.

Dans le cas de faute de l'équipe qui sert, celle-ci perd son service, dans le cas contraire elle bénéficie d'un point.

Hockey.

Sport à pratiquer en hiver, en plein air. L'intérêt du jeu et sa modération relative en font un sport praticable pour les deux sexes.

Le hockey se joue avec une crosse (canne en bois très dur recourbée à une extrémité) et une balle de bois entourée de cuir.

Les joueurs se servent de la crosse en la tenant par l'extrémité droite pour frapper la balle et la chasser dans la direction voulue.

La partie recourbée de la crosse présente une face plane et une face arrondie. Le joueur frappe la balle avec la face aplanie.

Le terrain mesure 90 mètres sur 50 mètres.

Le hockey se joue entre équipes de 11 joueurs : 5 avants, 3 demis, 2 arrières, 1 gardien de but.

La durée totale de la partie ou match est de 75 minutes se décomposant en deux mi-temps de 35 minutes séparées par un repos de 5 minutes.

Le jeu consiste à marquer des buts.

Le Lever et le Porter.

Considérations générales. — Le lever et le porter sont des exercices qui exigent de la force, de la souplesse et de la coordination. Ils font travailler les muscles des bras, des jambes, et ceux de la partie supérieure du tronc. Ils ne doivent être pratiqués que par des sujets ayant atteint leur développement normal.

Principes généraux pour lever de façon économique :

1° Se rapprocher la plus possible de l'objet à enlever pour le placer ainsi au-dessus du polygone de sustentation.

2° Saisir l'objet par son centre de gravité, évitant ainsi un levier plus grand (levier de 1er genre).

3° Au moment de l'effort d'arrachement qui donne à l'objet une vitesse verticale, fléchir les jambes pour diminuer ainsi la hauteur à parcourir, et profiter de cet effort.

4° Garder l'objet pendant son déplacement près du corps pour le conserver au-dessus du polygone de sustentation.

5° Se mettre sous le phénomène de l'effort, ce qui donne aux membres un point fixe.

Division des exercices :

a) Levers utilitaires,

b) Levers athlétiques.

A. — LEVERS UTILITAIRES.

Ils se rencontrent journellement sous les formes les plus variées. On peut lever et porter : isolément, à deux, par équipes.

B. — LEVERS ATHLÉTIQUES.

Règles générales. — Le lever doit être fait l'engin partant du sol.

Position de départ. — Les pieds sur la même ligne écartés d'environ o m. 40.

Mouvement. — L'engin est saisi avec une ou deux mains et enlevé soit à hauteur de l'épaule, soit bras tenu verticalement en fléchissant les jambes ou en se fendant.

La position finale doit être tenue quatre secondes.

Différents mouvements. — Épaulé, arraché, volée, développé, dévissé, jeté, bras tendu, le soulevé de terre.

Catégories. — Dans les championnats, les concurrents sont divisés en catégories suivant leur poids.

Poids plume : jusqu'à 55 kilogrammes.
— léger   —   65   —
— moyen   —   75   —
— mi-lourd   —   82   —
— lourd   —   au-dessus.

Natation.

C'est un sport utile, indispensable et naturel; il développe les qualités physiques et morales telles que puissance, souplesse, volonté, confiance en soi, mépris du danger.

La nage la plus commune est la brasse :

1° Fléchir les membres inférieurs en écartant les genoux le plus possible les pieds bien fléchis et leur pointes en dehors.

Placer les coudes au corps et fléchir les avant-bras de façon à joindre les mains, paumes en dessous et horizontales, à hauteur du milieu de la poitrine.

2° Allonger les bras en avant du corps, les paumes des mains toujours en dessous. Étendre en même temps les jambes dans le prolongement des cuisses en repoussant l'eau avec la plante des pieds, les pieds restant en flexion et leur pointe en dehors.

Rapprocher ensuite les jambes tendues jusqu'à les réunir complètement, les pointes des pieds jointes, en faisant l'extension complète et forcée des pieds. Ne marquer aucun temps d'arrêt entre l'extension des jambes et la réunion des membres inférieurs.

3° Marquer un temps d'arrêt, bras et jambes bien allongés, afin de laisser le corps filer et profiter le plus possible de l'impulsion qui vient de lui être donnée par la détente et la réunion des membres inférieurs.

4° Étendre les bras en tournant la paume des mains en dehors le plus possible. Faire une inspiration profonde pendant le mouvement des bras. Dès que les bras arrivent dans le prolongement de la ligne des épaules, les plier et les ramener à la position initiale, en gardant la paume des mains bien à plat.

Fléchir en même temps que les membres inférieurs et les ramener également à la position initiale.

Mais il faut nager vite et pour cela même offrir le moins de contact possible à la résistance de l'eau.

Les nages de vitesse sont :

L'Over Arm Stroke,
Le Trudjen,
Le Crawl.

Plongeons. — Le corps doit entrer dans l'eau à la façon d'une flèche lancée avec force : corps allongé.

Le corps doit être incliné suivant la trajectoire de son centre de gravité.

Les plongeons simples sont : les plongeons les pieds les premiers, soit droit, soit accroupi, avec ou sans élan; les plongeons la tête la première, avec ou sans élan, en profondeur ou en surface.

Les plongeons acrobatiques sont le saut de l'ange, le saut de carpe, saut à la mort (équilibre), coup de pied à la lune, saut périlleux arrière.

La Lutte.

Deux écoles :

a) Lutte libre; toute prise est autorisée.

b) Lutte française (gréco-romaine), prises autorisées de la tête à la ceinture, l'emploi des jambes étant défendu.

La lutte française demande de la souplesse, de la force, de la résistance, du jugement. Les prises dangereuses sont défendues, et cela permet à l'homme adroit et souple, de résister, et même de vaincre un adversaire plus fort. Le tombé a lieu quand les deux épaules de l'adversaire touchent le sol. Les prises se font à mains plates de la tête à la ceinture, l'emploi des jambes est interdit. La garde se fait en prenant un poignet de l'adversaire d'une main et la tête de l'autre.

Les tirades servent à déséquilibrer l'adversaire.

Le ring (5 mètres sur 5 mètres) est un tapis épais recouvert de toile. Les lutteurs ont le torse et les bras nus et portent un maillot de jambes ou culotte, les chaussures sont souples. Les lutteurs ont les ongles courts et sont rasés de frais. Ils ne doivent pas être enduits d'un corps gras. Une visite médicale est passée avant le match et le docteur donne l'autorisation de combattre. Les reprises, au nombre de deux, sont de 10 minutes avec 1 minute de repos; s'il n'y a pas eu tombé, une nouvelle reprise de 20 minutes a lieu et la décision est donnée aux points.

Les coups défendus sont les prises au-dessous de la ceinture, les coups de tête, de genou, les torsions des doigts, les retournements des bras, les bousculades.

DES COUPS :

1° Coups portés debout.

2° Coups portés à terre.

1° *Coups debout* : exemple : ceinture de côté, tour de hanches en tête.

2° *Coups à terre* : exemple : prise de tête, ramassement des bras.

La principale parade de toute ces prises consiste à faire le pont.

Catégories de poids :

Poids plume : jusqu'à 60^k
— légers — 67 500.
— moyens — 75
— mi-lourds — 82 500
— lourds.

La Boxe.

Deux écoles :

a) Boxe anglaise,
b) Boxe franco-anglaise.

A. BOXE ANGLAISE.

Les coups de poing sont seuls autorisés.

Manière de frapper. — Le poing est fermé, le pouce replié sur les autres doigts. Il faut rechercher la vitesse, la précision, pour cela se servir des jambes et du poids du corps. Éviter de frapper sur la tête, les épaules, les coudes ; rechercher le menton, la carotide, le cœur, l'épigastre, les yeux, la bouche.

Définition des coups :

1° Coups longs : direct (droit et gauche), swing (droit et gauche) ;

2° Coups courts : crochet, uppercut ;

3° Coups interdits : coups de coude, de tête, frapper la main ouverte, frapper un adversaire à terre.

Définition de quelques expressions anglaises :

In fichting est un combat rapproché, tête dans le creux de l'épaule, bras libres.

Clinch, se dit lorsque les adversaires se tiennent, celui qui est tenu peut frapper, l'autre ne peut pas frapper.

Groggy, se dit d'un homme ébranlé par un coup.

Break away, se dit pour séparer les combattants dans un clinch.

Knock-down, se dit d'un combattant allant à terre à la suite d'un coup.

Knock-out, mise hors combat après 10 secondes.

Règles du ring. — Le ring a au maximum 7 mètres sur 7 mètres et au minimum 4 mètres sur 4 mètres.

Les planches sont recouvertes d'un tapis et d'une forte toile ; trois cordes entourent le ring.

Les boxeurs doivent avoir au moins seize ans; deux visites médicales sont passées, une 24 heures avant le match, l'autre immédiatement avant le combat.

La tenue doit être décente.

Poids des gants de o kilogr. 114 (4 onces) à o kilogr. 228 (8 onces).

Les poignets sont bandés par du chatterton blanc de 5 mètres de long sur o m. o3 de large.

Les reprises durent généralement 3 minutes avec un repos de 1 minute.

Les boxeurs sont assistés de seconds.

Le jury se compose : d'un arbitre, d'un chronométreur et de trois juges.

Pour un coup donné bas (intervention du médecin), l'arbitre peut disqualifier un boxeur.

Un homme qui a un genou à terre ne peut pas être frappé; un boxeur doit défendre sa chance.

Les combats de plus de deux boxeurs sont interdits, ainsi que les matches de femmes.

Catégories :

Fly (mouche)............................	50ᵏ 802
Bantam (coq)............................	53 524
Feather (plume).........................	57 152
Light (léger)...........................	61 235
Welter (mi-moyen).......................	66 680
Middle (moyen)..........................	72 574
Light-heavy (mi-lourd)..................	79 378
Heavy (lourd).	

B. Boxe franco-anglaise.

La boxe franco-anglaise demande de la souplesse, de l'adresse, de l'agilité; c'est un excellent moyen de défense. C'est une boxe d'assouplissement par l'étude des coups de pieds; c'est également une boxe de combat. On emploie les coups de poings de la boxe anglaise en les combinant aux coups de pied de la boxe française. Dans la garde de la boxe franco-anglaise le boxeur est plus assis sur ses jambes que dans la garde de la boxe anglaise.

Les coups de pieds sont dits :

Bas;

De pointe;

De flanc;

De poitrine;

De figure;

Chassé de revers.

Ils se donnent sur place, en avançant ou en sautant.

De même qu'en boxe anglaise, à chaque coup correspond une ou plusieurs parades, une ou plusieurs esquives. Parmi les parades le tenu et l'enfourchement sont à signaler.

Règles du ring. — Mêmes règles qu'en boxe anglaise. Cependant les boxeurs peuvent porter des jambières sous les bas, les gants sont avec bourrelets et pèsent 225 grammes pour les amateurs. Dans l'assaut le coup de pied de pointe (bas ventre) est interdit.

Combat aux points. — Deux juges, un arbitre.

Les marqueurs se servent du barème suivant :

Coup d'arrêt.....................................	1 point
— bas...	2 points
— au corps....................................	3 —
Prise tenue...................................	3 —
Coup à la figure..............................	4 —
Prise tenue et adversaire.....................	4 —
A terre.......................................	4 —
Pénalisation..................................	4 —

TABLEAU DES RECORDS DE FRANCE ET DU MONDE.

DISTANCES ou CONCOURS.	RECORDS FRANÇAIS.		RECORDS DU MONDE.	
	TEMPS ou DISTANCES.	DÉTENTEURS.	TEMPS ou DISTANCES.	DÉTENTEURS.
100 mètres......	10″ 9	LORAIN.	10″ 6/10	LIPINCOTT.
200 —	22″ 1/5	SEURIN.	21″ 6/10	HAHN.
400 —	49″	FAILLOT.	47″ 2/5	MEREDITH.
800 —	1′ 55″ 8	ARNAUD.	1′51″ 7/10	MEREDITH.
1,500 —	4′ 3″ 8	BURTIN.	3′54″ 7/10	ZANDER.
3,000 —	8′ 49″ 6	BOUIN.	8′33″ 1/10	ZANDER.
5,000 —	14′36″ 7	BOUIN.	14′36″ 6/10	KOLEHMAINEN.
10,000 —	30′ 58″ 8	BOUIN.	30′58″ 8	BOUIN.
Une heure.........	19^k 0219	BOUIN.	19^k 0219	BOUIN.
110 mètres, haies...	15″ 8	ANDRÉ.	14″ 2/5	THOMPSON.
400 — ...	55″ 6	ANDRÉ.	54″	LOOMIS.
4 × 100	42″ 8	ALI-KHAN. / CASTE. / LORRAIN. / MOURLON.	42″ 2/10	PADDOCK. / SCHOLZ. / MURCHINSON. / KIKSEY.
4 × 400	3′ 20″ 4	POULENARD. / FAILLOT. / LELONG. / SCHURRER.	3′ 16″ 6	SHEPPART. / REIDPATH. / MERIDITH. / LINDBERG.
Saut long^r élan	7^{m}06	PONCET.	7^{m}613	O'CONNOR.
Saut haut^r élan....	1 885	ANDRÉ.	2 014	BUSON.
Poids............	14 16	PAOLI.	15 54	R. ROSE.
Disque............	41 58	TISON.	47 58	DUNCAN.
Javelot............	49 50	PICARD.	66 10	MYRRHA.
Perche............	3 74	GONDER.	4 095	FOSS.
NATATION.				
100 m. nage libre.	1′ 6″	PADOU.	1′ 0″ 2/5	KAHANAMOKU.
400 m. —	6′ 9″ 3/10	VIOLAS.	5′14″	NORMAN ROS.
1,500 m. —	25′48″	DUVANEL.	22′	HOGDSON.
100 m. dos......	1′26″ 3/5	LEHU.	1′14″ 4/5	KEALOHA.
200 m. brasse	3′10″	SOMMER.	2′56″ 3/5	COURTMAN.
400 m. —	7′10″9/10	SOMMER.	6′14″ 2/5	COURTMAN.

CHAPITRE IX.

EFFETS PHYSIOLOGIQUES DES PRINCIPAUX SPORTS.

EXERCICES ou SPORTS.	ÂGE OPTIMUM.	QUALITÉS REQUISES.	SYSTÈMES ORGANIQUES SOLLICITÉS.	CONTRE-INDICATIONS.	QUALITÉS DÉVELOPPÉES.	REMARQUES.
Courses de 100 mètres et 200 mètres.	19 ans à 25 ans.	Vigueur générale. Intégrité musculaire et articulaire des membres. Coordination nerveuse parfaite. Vitesse des réponses motrices aux excitations sensitivo-sensorielles. Cœur et poumons normaux. Volonté.	Toute la musculature avec prédominance des muscles du bassin et des cuisses. Système circulatoire. Poumons. Système nerveux.	Éréthisme et lésions cardiaques. Lésions pleuro-pulmonaires aiguës ou chroniques. Lésions musculaires et articulaires récentes.	Rapidité des réflexes. Excitabilité. Développe la volonté à un degré moyen. Développe la qualité de vitesse soutenue.	Retentit sur toute l'économie. Provoque une violente et courte excitation des centres nerveux, cardiaque et respiratoire. Concentration extrême de la volonté sur un acte de courte durée.
Courses de 400 mètres et 800 mètres.	21 ans à 25 ans.	Intégrité musculaire et articulaire principalement des membres inférieurs. Grande capacité vitale des poumons. Cœur et vaisseaux normaux. Contrôle permanent de la motricité. Puissance musculaire générale mais proportionnée à la valeur de l'appareil cardio-pulmonaire.	Les mêmes que dans les courses de 100 et 200 mètres.	Les mêmes que dans les courses de 100 et 200 mètres.	Développe la volonté à un degré extrême et aussi la vitesse.	L'excitation des centres nerveux est soutenue, mais moins intense que dans les courses de 100 et 200 mètres. Les courses de 400 et 800 mètres comportent un effort considérable et ne conviennent qu'à des hommes vigoureux et généralement grands. Elles représentent un effort qui ne doit être demandé qu'à des athlètes complets.
Courses de 1,500 mètres et 3,000 mètres.	25 ans.	Intégrité musculaire et articulaire principalement des membres inférieurs. Grande capacité vitale des poumons. Système cardio-pulmonaire parfait indemne de toute lésion antérieure.	Toutes les fonctions, surtout les fonctions cardio-pulmonaires et celles d'élimination (respiratoires, urinaires, cutanées).	Les mêmes que dans les courses de 400 et 800 mètres.	Développe la volonté à un degré supérieur, l'endurance et la qualité de persévérance dans l'effort.	Les hommes à forte musculature, produisant une forte quantité d'acide carbonique, auront besoin d'une capacité vitale, des poumons plus grands que les coureurs de musculature moyenne ou faible. Pendant la course, le coureur s'abandonne à l'automatisme et par instant a recours à un effort de volonté qui correspond à une dépense extrême d'énergie. Le contrôle nerveux est assuré d'une façon moins continue que dans les courses précédentes.
Courses de 5,000 mètres et 10,000 mètres.	25 ans à 28 ans.	Les mêmes que pour les courses de 1,500 et 3,000 mètres.	Les mêmes que pour les courses de 1,500 et 3,000 mètres.	Les mêmes que précédemment, de plus, les lésions actuelles, anciennes ou récentes des reins et du foie sont une contre-indication.	Les mêmes que dans les courses de 1,500 et 3,000 mètres.	L'automatisme joue un grand rôle pendant les courses de 5,000 et 10,000 mètres. La surveillance de la volonté est moindre que dans les courses précédentes. La dépense d'attention est réduite à son minimum.
Cross-coutry.	25 ans.	Cœur, poumons indemnes. Intégrité musculaire et articulaire, pour franchir les obstacles. Solidité et souplesse des articulations des membres inférieurs pour éviter les entorses.	Cœur et poumons. Fonctions d'élimination (respiratoire, urinaire, cutanée).	Lésions anciennes ou récentes des articulations des membres inférieurs.	Volonté, persévérance dans l'effort. Développe le coup d'œil, l'esprit de décision, perfectionne la notion d'économie des forces.	Exercice complet nécessitant une parfaite coordination sensorielle et psychique, psychique et motrice.

EXERCICES ou SPORTS.	ÂGE OPTIMUM.	QUALITÉS REQUISES.	SYSTÈMES ORGANIQUES SOLLICITÉS.	CONTRE-INDICATIONS.	QUALITÉS DÉVELOPPÉES.	REMARQUES.
Courses de haies. 110 mètres et 400 mètres.	19 ans à 25 ans.	Vigueur générale. Intégrité musculaire et articulaire des membres inférieurs. Coordination motrice parfaite.	Les mêmes que dans les courses de vitesse.	Lésions cardio-pulmonaires, et lésions articulaires du membre inférieur, notamment du pied.	Mêmes qualités que dans les courses de vitesse. Perfectionnement de la coordination à un degré supérieur.	Le 110 haies trouve ses meilleurs exécutants parmi les sujets grands, à petit coefficient thoracique, pourvus de longues jambes (macroskèles). Le 400 haies demande les qualités des coureurs de 400 mètres plat, auxquels s'ajoutent les qualités propres exigées du coureur de haies.
Saut en longueur.	19 ans à 25 ans.	Vitesse. Détente musculaire puissante. Coordination parfaite des mouvements. Intégrité articulaire des membres.	Toute la musculature, avec prédominance des muscles lombaires, fessiers et scapulaires.	Lésions articulaires. Fragilité des os. Hernies. Lésions cardiaques latentes. Varices développées.	Rapidité des réflexes.	De toutes les épreuves sportives, c'est le saut en longueur qui provoque le plus de lésions musculaires.
Saut en hauteur.	19 ans à 25 ans.	Détente musculaire puissante. Souplesse générale. Coordination impeccable des mouvements. Intégrité articulaire des membres, en particulier des articulations du pied. Intégrité des parois abdominales.	Les mêmes que dans les sauts en longueur, de plus les muscles de la cuisse sont vivement sollicités lors du reploiement des membres inférieurs au passage de la barre.	Les mêmes que dans le saut en longueur.	Développe la promptitude des réflexes, le coup d'œil et perfectionne la coordination des mouvements.	La chute se faisant difficilement en position verticale, le sauteur doit être pourvu de membres supérieurs forts pour se recevoir sans inconvénient sur le sol dans une position quelconque en utilisant les bras. Une longueur un peu anormale des membres inférieurs caractérise anatomiquement les sauteurs en hauteur.
Saut à la perche.	19 ans à 25 ans.	Coordination parfaite des mouvements. Vitesse. Grande maîtrise de soi. Souplesse. Puissance de la musculature des membres supérieurs et du tronc. Intégrité articulaire de toutes les articulations qui doivent avoir leur maximum de mobilité. Intégrité des parois abdominales.	Toute la musculature. Cœur. Système nerveux.	Pointes de hernies et hernies. Varices et varicocèles développés. Lésions articulaires des poignets, de l'épaule et du torse. Ptoses abdominales.	Développe les mêmes qualités que le saut en hauteur avec une plus grande perfection.	Sport complet, si on le pratique après s'être adonné préalablement à des exercices préparatoires appropriés (course, saut, grimper). La chute se faisant d'une hauteur qui varie en moyenne de 2 m. 50 à 3 m. 50, il importe que les sauteurs aient des attaches viscérales parfaites, ne présentant aucun relâchement.
Lancer de poids.	24 ans à 32 ans.	Vigueur musculaire générale. Bonne coordination des mouvements. Promptitude de la détente musculaire.	Toute la musculature, muscles lombaires, scapulaires et extenseurs des membres.	Lésions musculaires et articulaires récentes. Pointes de hernies. Hernies.	Amélioration de la coordination motrice. Accroissement de la puissance musculaire.	Les meilleurs lanceurs de poids sont les hommes aux épaules puissantes et bien conformées.
Lancer de disque.	24 ans à 32 ans.	Les mêmes que pour le lancer de poids, la plus grande souplesse générale, notamment de tous les muscles du tronc.	Les muscles de la paroi abdominale, rotateurs du tronc, les muscles scapulaires et pectoraux sont les plus sollicités.	Les mêmes que pour le lancer de poids.	Les mêmes que pour le lancer du poids. Développe à un plus haut degré la vitesse et la coordination motrice.	Les bons lanceurs de disque ont généralement une envergure supérieure à la moyenne.

EXERCICES ou SPORTS.	ÂGE OPTIMUM.	QUALITÉS REQUISES.	SYSTÈMES ORGANIQUES SOLLICITÉS.	CONTRE-INDICATIONS.	QUALITÉS DÉVELOPPÉES.	REMARQUES.
Lancer de javelot.	22 ans à 3o ans.	Vitesse, Bonne coordination des mouvements. Le rôle de la force musculaire générale est moins important que dans les lancers précédents. Grande souplesse et solidité de l'articulation du poignet.	Muscles de l'épaule et des membres supérieurs, muscles fléchisseurs du tronc.	Lésions articulaires et musculaires de l'épaule et du membre supérieur.	Les mêmes qualités que les autres lancers. Donne une plus grande adresse.	Les lancers de javelot pratiqués sans ménagement provoquent parfois des névrites du nerf cubital avec point douloureux à l'épitrochlée ; et irritation, douloureuse dans le territoire du plexus brachial. L'entraînement au lancer de javelot doit être progressif. Les bons lanceurs de javelot sont des sujets de grande taille et doués de la qualité de vitesse.
Lancer de marteau.	3o ans à 4o ans.	Le lanceur de marteau doit être un homme lourd, pour s'opposer par sa masse à la force centrifuge du marteau au moment du lancer. De plus il doit être doué de vitesse, d'une grande vigueur musculaire et d'une bonne coordination motrice.	Muscles adjacents à la ceinture scapulaire.	Pointes de hernies. Hernies. Lésions musculaires et articulaires récentes.	Amélioration de la coordination motrice.	
Lever.	24 ans à 32 ans.	Vigueur musculaire générale. Répartition équilibrée de la force.	Cœur et circulation. Toute la musculature.	Lésions cardiaques. Faiblesse des parois abdominales et prédisposition aux hernies. Arthrites. Tendance à l'emphysème.	Force musculaire....	Les sujets à musculature globuleuse et à leviers relativement courts paraissent avantagés pour l'exécution des levers.
Grimper.	22 ans à 3o ans.	Développement des muscles adjacents à la ceinture scapulaire, des fléchisseurs du tronc. Intégrité du cœur et des poumons.	Toute la musculature de la partie supérieure du corps.	Éréthisme cardiaque. Lésions cardiaques latentes. Hernies constituées.	Force musculaire des membres supérieurs et des épaules.	Au grimper proprement dit, peuvent être rattachés les exercices aux agrès qui demandent des qualités de coordination motrice, de la souplesse et une certaine légèreté du train inférieur.
Lutte.	21 ans à 32 ans.	Vigueur musculaire générale. Intégrité des articulations. Cœur et poumons normaux. Souplesse et décision. Bonne coordination motrice.	Toute la musculature. Cœur et poumons.	Hernies et pointes de hernies. Éréthysme cardiaque et lésions du cœur.	Adresse et décision. Force musculaire.	La lutte développe la ténacité dans l'effort.
Boxe.	21 ans à 28 ans.	Vitesse des réponses motrices aux excitations sensitivo-sensorielles. Adresse. Cœur et poumons normaux. Résistance aux ébranlements traumatiques.	Cœur et poumons. Système nerveux.	Lésions cardiaques et pleuro-pulmonaires. Lésions hépatiques. Hernies et pointes de hernies.	Décision et adresse, sang-froid et coup d'œil. Courage et résistance aux traumatismes et à la douleur.	La boxe développe l'esprit de combattivité.

EXERCICES ou SPORTS.	ÂGE OPTIMUM.	QUALITÉS REQUISES.	SYSTÈMES ORGANIQUES SOLLICITÉS.	CONTRE-INDICATIONS.	QUALITÉS DÉVELOPPÉES.	REMARQUES.
Aviron.	25 ans à 35 ans.	Force musculaire. Souplesse.	Toute la musculature, avec prédominance des muscles extenseurs du tronc.	Peu de contre-indications réelles, surtout si l'on a soin de proportionner la durée de l'exercice à la constitution du sujet.	Accroissement de la force musculaire. Développe l'automatisme et la notion du rythme dans les mouvements.	Les meilleurs rameurs sont généralement de grande taille et de grande envergure.
Natation.	25 ans à 30 ans.	Grande souplesse. Bonne coordination motrice. Grande capacité vitale des poumons. Maîtrise du rythme respiratoire. Bonne perméabilité nasale.	Cœur et poumons...	Lésions articulaires. Éréthysme cardiaque. Lésions pleuro-pulmonaires. Emphysème pulmonaire.	Accroissement de la capacité vitale des poumons. Développe les muscles des épaules. Tonifie le système nerveux.	Les bons nageurs répondent à un type athlétique particulier. Prédominance du train supérieur sur le train inférieur. Enveloppement adipeux léger qui arrondit les formes, facilite la flottabilité et diminue la déperdition calorique à la surface du corps.
Water polo.	25 ans à 30 ans.	Les mêmes que pour la natation, et de plus esprit de discipline et de décision.	Cœur et poumons à un degré intense.	Lésions cardiaques et pleuro-pulmonaires. Lésions auriculaires. Hyperexcitabilité sensorielle.	Les mêmes que pour la natation. Développe la volonté à un haut degré.	Les joueurs de water-polo à masse corporelle volumineuse et à gros poids sont avantagés, surtout s'ils sont vites.
Foot-ball.	20 ans à 28 ans.	Endurance des coureurs de fond. Cœur et poumons indemnes. Coup d'œil et esprit de décision. Esprit de solidarité.	Cœur et poumons. Musculature générale chez les avants au rugby.	Lésions musculaires et articulaires. Hernies, surtout pour le rugby. Lésions cardiaques et pleuro-pulmonaires.	Développe le sang-froid, l'adresse et la vitesse, l'esprit d'abnégation dans l'effort collectif.	Le foot-ball est un jeu excellent pour amener les soldats à la discipline du champ de bataille par la discipline du stade.
Hockey.	20 ans à 28 ans.	Mêmes qualités que pour le foot-ball, mais à un degré un peu moindre, sauf en ce qui concerne l'adresse des membres supérieurs.	Cœur et poumons...	Les mêmes que celles du foot-ball, mais avec une marge de tolérance plus grande.	Développe les mêmes que le foot-ball, mais avec moins d'intensité.	Jeu collectif d'intensité moindre que le foot-ball et pouvant convenir à la femme.
Tennis.	18 ans à 35 ans.	Coup d'œil. Adresse. Promptitude des décisions. Grande souplesse musculaire. Bonne coordination motrice.	Cœur et poumons. Système nerveux. Système musculaire obligé à des détentes rapides.	Lésions articulaires des membres inférieurs. Varices accentuées.	Adresse et rapidité des mouvements.	Jeu sportif convenant à la fois à l'homme et à la femme. Jeu très intense quand il est pratiqué en championnat.
Golf.	Sport de l'âge moyen et de l'âge mûr.	Coup d'œil. Souplesse des muscles du tronc et des épaules.	Tout l'organisme modérément sollicité.	Lésions articulaires récentes des membres supérieurs.	Adresse............	Ce jeu sportif convient à l'homme et à la femme. Jeu très intense quand il est pratiqué en championnat. Il est modéré, ne surmène pas les organes centraux et fait bénéficier ceux qui s'y livrent au grand air de la marche à pied et d'un exercice qui entretient la souplesse musculaire.

EXERCICES ou SPORTS.	ÂGE OPTIMUM.	QUALITÉS REQUISES.	SYSTÈMES ORGANIQUES SOLLICITÉS.
Balle à cheval. (Polo.)	25 ans à 40 ans.	Bonne coordination des mouvements. Habileté équestre, sang-froid, adresse.	Toutes les fonctions. Cœur et poumons. Musculature des cuisses, du bassin et du membre supérieur.
Escrime.	30 ans à 40 ans.	Bonne coordination motrice. Vitesse des réponses motrices aux excitations sensitivo-sensorielles. Esprit de décision.	Toutes les fonctions.

CONTRE-INDICATIONS.	QUALITÉS DÉVELOPPÉES.	REMARQUES.
Science équestre incomplète. Lésion articulaire du membre supérieur.	Coup d'œil et promptitude. Esprit de décision. Sang-froid.	Ce jeu sportif convient aux cavaliers et les prépare en vue des combats dans la mêlée.
Hernies constituées..	Précision des mouvements. Vitesse et coordination motrice.	Nécessité de pratiquer l'escrime avec le bras droit et le bras gauche pour éviter une hypertrophie musculaire unilatérale causant dissymétrie du corps.

APPROUVÉ :

Le 30 novembre 1921.

Le Ministre de la Guerre,

LOUIS BARTHOU.

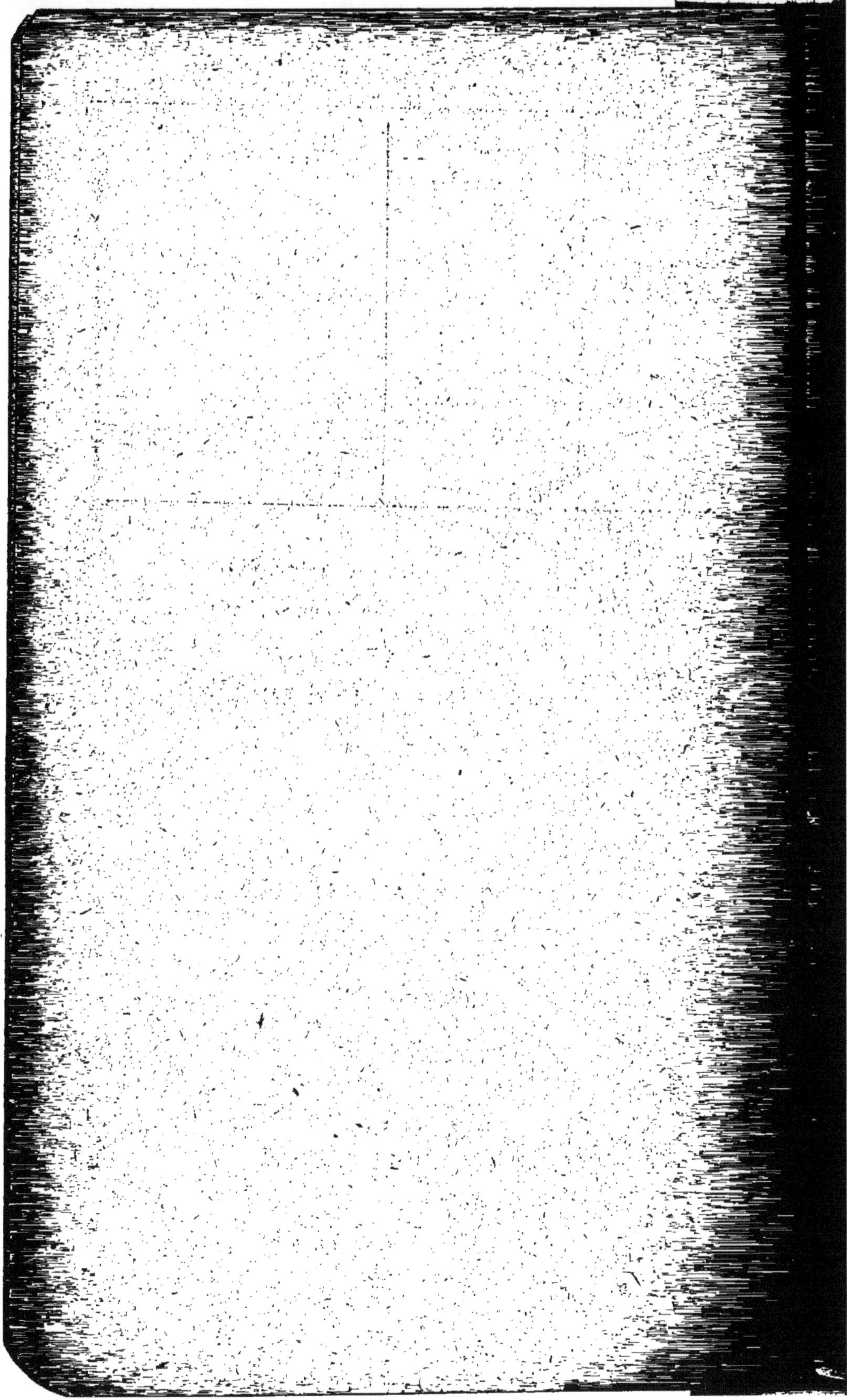

TABLE DES MATIÈRES.

www.ingramcontent.com/pod-product-compliance
Ingram Content Group UK Ltd.
Pitfield, Milton Keynes, MK11 3LW, UK
UKHW022058170726
13837UKWH00002B/991